Petite flore forestière du Québec

Québec, 1990
Deuxième édition
revue et augmentée

LES PUBLICATIONS DU QUÉBEC
1500 D, rue Jean-Talon Nord, Sainte-Foy (Québec) G1N 2E5

VENTE ET DISTRIBUTION
Case postale 1005, Québec (Québec) G1K 7B5
Téléphone : (418) 643-5150, sans frais, 1 800 463-2100
Télécopieur : (418) 643-6177, sans frais, 1 800 561-3479
Internet : http://www.publicationsduquebec.gouv.qc.ca

BIBLIOTHÈQUE ADMINISTRATIVE
Ministère des Communications du Québec
Éléments de catalogage avant publication

Petite flore du Québec/[Raymond Rouleau... [et al.]. —— 2e éd. rev. et augm. —— [Québec]: Les Publications du Québec, 1990.

Ce document a été préparé par le Ministère des Ressources naturelles.
Bibliogr.
ISBN 2-551-12265-1

1. Flore forestière — Québec (Province) I. Rouleau, Raymond. II. Québec (Province). Ministère des Ressources naturelles.

E4 Al P48 1990

Dépôt légal — 1er trimestre 1990
Bibliothèque nationale du Québec
Bibliothèque nationale du Canada
ISBN 2-551-12265-1

AVANT-PROPOS

Les forêts du Québec sont composées de différentes espèces végétales que les utilisateurs du milieu, tant les amateurs que les spécialistes, cherchent à reconnaître. Comme l'identification de la végétation rencontrée en milieu forestier se fait généralement sur le terrain, l'observateur aime bien se servir d'un guide illustré, format de poche, pour différencier les espèces.

Les photographies en couleurs de chacune des espèces font ressortir les caractéristiques les plus faciles à observer. Cela permet une identification simple tout en limitant au strict minimum le vocabulaire technique. Les espèces présentées dans ce guide figurent parmi les plus importantes de la flore forestière du Québec.

Cette nouvelle édition de la «Petite flore forestière du Québec» a été revue et augmentée d'une quarantaine d'espèces. De plus, on a ajouté pour chaque plante une description d'habitat qui souvent permettra une classification sommaire des sites. La description des zones de végétation est celle qui est actuellement d'utilisation courante.

La première édition de cet ouvrage a été utilisée, durant les quinze dernières années, par la plupart des naturalistes amateurs et des spécialistes désireux de posséder un portrait synthèse de la végétation forestière. En fait, le Service de l'inventaire forestier, dont la mission première est la connaissance des écosystèmes forestiers, veut susciter l'intérêt de la population pour la forêt, qui constitue notre richesse principale.

Cet ouvrage a été réalisé
grâce à la participation de :

Première édition

Raymond Rouleau
- cueillette des spécimens
- photographie sur le terrain
- conception et rédaction

Jean-Louis Brown
conseiller technique

Pierre Masson
rédaction du texte sur les mousses

Eugen Kedl
photographie en laboratoire

André Roy et Michel Tremblay
graphisme

Deuxième édition

Danielle Leblanc (CERFO)
révison du texte et rédaction pour les
nouvelles espèces

Madeleine Cauboue (CERFO)
rédaction des notes sur l'habitat et la
distribution

Comité sur la carte des régions écologiques (3e version)
conception de la carte et rédaction du texte
Zones de végétation et domaines
bioclimatiques du Québec

Jean-Pierre Saucier, ing.f., D.Sc., responsable
Pierre Grondin, ing.f., M.Sc.
André Robitaille, géomorphologue, M.Sc.
Jean-François Bergeron, biol., M.Sc.

Hélène d'Avignon
révision du texte

Jean-François Bergeron
conseiller technique

Gilles Boissonneault (CERFO)
conseiller technique

Norman Dignard
conseiller technique

Louise Vallée et Charles Lessard,
graphistes associés
conception des pages intérieures

INTRODUCTION

Il existe plusieurs façons de présenter les différentes espèces végétales à l'intérieur d'une flore. Certaines orientent l'identification à l'aide d'une clé dichotomique, plus ou moins complexe, qui exige la reconnaissance de caractéristiques parfois difficiles à observer sur le terrain. Celle-ci met l'accent sur des photographies en couleurs et sur une brève description morphologique. Le lecteur notera que plusieurs figures sont accompagnées d'une échelle en centimètres lui permettant de visualiser les dimensions de la plante. La description touche habituellement les parties suivantes de la plante : la tige, la feuille, la fleur et le fruit. L'habitat et la distribution des plantes sont généralement ajoutés. Les utilisations courantes des arbres commerciaux sont mentionnées, compte tenu du marché actuel. Enfin, il est à noter que les mesures des hauteur et longueur des tiges sont des moyennes, généralement atteintes en conditions normales.

Les descriptions ont été rédigées en restreignant l'utilisation de termes botaniques trop techniques; cependant, certains ont été conservés afin de limiter la longueur du texte. Le lecteur consultera la définition de ce vocabulaire dans le glossaire à la fin de l'ouvrage.

Les espèces retenues sont les plus caractéristiques des différents écosystèmes forestiers. Cependant, tous les arbres d'essences commerciales sont inclus, peu importe leur signification écologique.

Les plantes sont groupées en six sections. Le lecteur peut généralement, au premier coup d'oeil, repérer la section qui l'intéresse plus particulièrement. À l'intérieur de ces sections, les plantes sont généralement regroupées suivant leur genre et leur ressemblance. Les six sections se présentent comme suit :

1. Les essences commerciales résineuses : cette section comprend les arbres résineux utilisés dans l'industrie forestière.

2. Les essences commerciales feuillues : sont inclus dans cette section les arbres feuillus utilisés dans l'industrie forestière.

3. Les plantes ligneuses non commerciales : ce sont des arbrisseaux ou arbustes, exceptionnellement des arbres, dont la tige est composée de bois (ligneuse) mais qui sont peu ou pas utilisés dans l'industrie forestière. À l'exception de deux essences résineuses (if et genévrier), cette section ne comprend que des essences feuillues.

4. Les plantes herbacées: ce sont des plantes non ligneuses, généralement petites et ne dépassant jamais 3 mètres. Plusieurs sont annuelles ou biannuelles et meurent tôt après leur fructification.

5. Les lycopodes, prêles et fougères: cette section inclut les plantes herbacées qui se reproduisent au moyen de spores.

6. Les mousses, hépatiques et lichens: cette section comprend une seule hépatique (bazzanie), et quelques mousses et lichens. Ce sont naturellement toutes des plantes qui ne dépassent guère quelques centimètres et qui souvent forment des tapis sur le sol forestier.

Les noms en caractères italiques désignent les noms latins scientifiques des plantes mentionnées dans cet ouvrage. Ils sont suivis du nom de l'auteur lorsque l'espèce est indiquée et de l'abréviation «sp.» pour désigner que le genre seulement a été pris en considération.

Les noms en caractères gras désignent les noms scientifiques français, lesquels sont la plupart du temps la traduction littérale du nom latin.

Les noms en minuscules mis entre parenthèses désignent les noms vulgaires les plus communs au Québec.

Toutes les espèces présentées dans cet ouvrage se retrouvent sous forme d'index alphabétique dans les dernières pages. Une liste des noms français, anglais et latins précède l'index alphabétique.

ZONES DE VÉGÉTATION ET DOMAINES BIOCLIMATIQUES DU QUÉBEC

Ce sont surtout des facteurs climatiques, généralement moins favorables au fur et à mesure qu'on se déplace vers le nord, qui déterminent la distribution de la végétation sur le territoire québécois. Cependant, dans la plaine du Saint-Laurent, le climat change graduellement du sud-ouest vers le nord-ouest. De plus, dans le Québec méridional, les variations d'altitude, si elles sont importantes, peuvent entraîner un étagement de la végétation comparable aux changements causés par la latitude. La nature du sol, le relief et les perturbations, comme les feux de forêt, les épidémies et les coupes, affectent aussi la distribution de la végétation. En fait, ce sont ces facteurs qui déterminent la répartition des groupements végétaux sur les différentes composantes du paysage (sommets des collines, milieux et bas de pentes, etc.) dans un domaine bioclimatique donné.

ZONES ET SOUS-ZONES DE VÉGÉTATION

Le Québec est partagé en trois zones de végétation : la zone tempérée nordique, dominée par des peuplements feuillus et mélangés, la zone boréale, caractérisée par des peuplements de conifères sempervirents, et la zone arctique, marquée par une végétation arbustive et herbacée. Ces trois zones, qui reflètent les grandes subdivisions climatiques québécoises, sont peuplées par une flore distincte. Elles correspondent aux divisions mondiales de la végétation.

On subdivise les zones de végétation en sous-zones, en fonction de la physionomie de la végétation qui domine les paysages à la fin des successions. Ainsi, la zone tempérée nordique couvre deux sous-zones : celle de la forêt décidue et celle de la forêt mélangée. Dans la première, on trouve surtout des forêts de feuillus nordiques, dominées par l'érable à sucre, et, dans la seconde, des peuplements mixtes. Les forêts mélangées renferment à la fois des espèces boréales, comme le sapin baumier et l'épinette noire, et des espèces méridionales, comme le bouleau jaune. La richesse floristique de la sous-zone de la forêt mélangée est légèrement moindre que celle de la forêt décidue.

Pour sa part, la zone boréale comprend trois sous-zones : la sous-zone de la forêt boréale continue, où les peuplements, relativement denses, renferment principalement des espèces résineuses boréales et des feuillus de lumière, la taïga, où dominent des forêts conifériennes ouvertes sur un tapis de lichens, et la toundra forestière, mosaïque de peuplements de densité variable et de toundra, où l'on voit surtout des arbustes et des lichens. La limite des arbres (épinette noire, épinette blanche et mélèze laricin) constitue la démarcation entre la zone boréale et la zone arctique. Au Québec, la zone arctique ne compte qu'une seule sous-zone, le Bas-Arctique, caractérisée par l'absence d'arbres, le pergélisol continu ainsi qu'une végétation de toundra, essentiellement composée d'arbustes, d'herbacées (des graminoïdes surtout), de mousses et de lichens.

DOMAINES ET SOUS-DOMAINES BIOCLIMATIQUES

Un domaine bioclimatique est un territoire caractérisé par la nature de la végétation qui, à la fin des successions, couvre les sites où les conditions pédologiques, de drainage et d'exposition sont moyennes (sites mésiques). L'équilibre entre la végétation et le climat est le principal critère de distinction des domaines. Les limites des domaines bioclimatiques ont été révisées par le Comité sur la carte des régions écologiques[1], qui a défini le nouveau système de classification écologique du territoire, en 1998.

Au Québec, on distingue dix domaines bioclimatiques, dont six dans la partie méridionale de la province : l'érablière à caryer cordiforme, l'érablière à tilleul, l'érablière à bouleau jaune, la sapinière à bouleau jaune, la sapinière à bouleau blanc et la pessière à mousses. Dans la partie septentrionale du territoire, on en reconnaît quatre : la pessière à lichens, la toundra forestière, la toundra arbustive et la toundra herbacée.

Certains des domaines bioclimatiques du Québec méridional sont subdivisés en sous-domaines, car la végétation y présente des différences, qui reflètent celles du régime des précipitations.

I ZONE TEMPÉRÉE NORDIQUE

A SOUS-ZONE DE LA FORÊT DÉCIDUE

1. Domaine de l'érablière à caryer cordiforme (14 500 km^2)

Ce domaine couvre le sud-ouest de la province, qui bénéficie du climat le plus clément. Il renferme donc la flore la plus méridionale du Québec, dont plusieurs espèces thermophiles. Les forêts y sont très diversifiées. Certaines des espèces qui y croissent sont à la limite septentrionale de leur aire de distribution. C'est le cas du caryer cordiforme, qui prête son nom au domaine, du caryer ovale, du micocoulier, de l'érable noir, du chêne bicolore, de l'orme de Thomas, du pin rigide ainsi que de plusieurs arbustes et plantes herbacées. On y voit aussi d'autres espèces qui poussent également plus au nord, telles que l'érable à sucre, le sapin et les épinettes. Ce domaine n'est pas subdivisé en sous-domaines.

---

1. Le comité sur la carte des régions écologiques (3e version) était composé de Jean-Pierre Saucier, ing. f., D.Sc., responsable, Pierre Grondin, ing. f., M. Sc., André Robitaille, géomorphologue, M. Sc., et Jean-François Bergeron, biol., M. Sc.

Carte des zones de végétation et domaines bioclimatiques du Québec

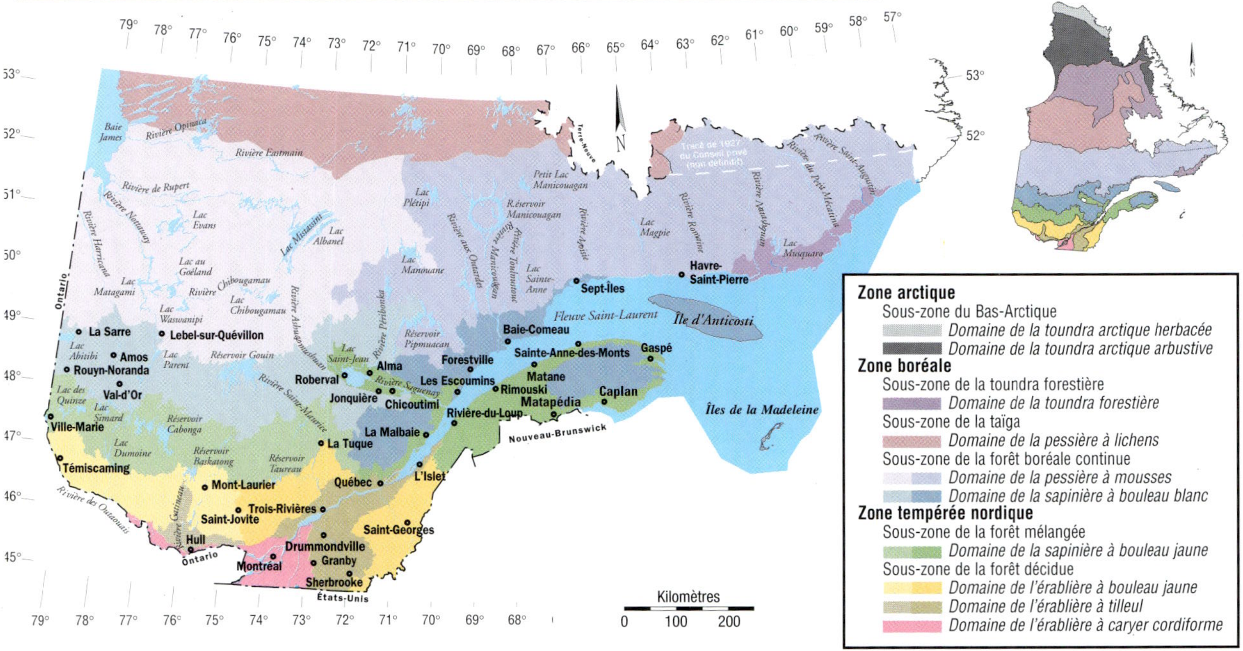

2. Domaine de l'érablière à tilleul (30 100 km^2)

Le domaine bioclimatique de l'érablière à tilleul s'étend au nord et à l'est de celui de l'érablière à caryer cordiforme. La flore y est aussi très diversifiée, mais plusieurs espèces y atteignent la limite septentrionale de leur aire de distribution. Dans les milieux qui leur sont favorables, le tilleul d'Amérique, le frêne d'Amérique, l'ostryer de Virginie et le noyer cendré accompagnent l'érable à sucre, mais ils sont moins répandus au-delà de ce domaine. La distribution des chênaies rouges et les précipitations permettent de distinguer deux sous-domaines : l'un dans l'ouest, qui est plus sec, l'autre dans l'est, où les précipitations sont plus abondantes.

3. Domaine de l'érablière à bouleau jaune (65 600 km^2)

Le domaine bioclimatique de l'érablière à bouleau jaune couvre les coteaux et les collines qui bordent le sud du plateau laurentidien et des Appalaches. Il occupe la partie la plus nordique de la sous-zone de la forêt décidue. Moins diversifiée, sauf sur les meilleurs sites, la flore regroupe de nombreuses espèces boréales, largement répandues au Québec. Sur les sites mésiques, le bouleau jaune est l'une des principales essences compagnes de l'érable à sucre. Le hêtre à grandes feuilles, le chêne rouge et la pruche du Canada croissent aussi dans ce domaine, mais ils deviennent très rares au-delà de sa limite septentrionale, qui marque aussi la fin de l'aire de distribution du tilleul d'Amérique et de l'ostryer de Virginie. Ici, comme dans toute la sous-zone de la forêt décidue, le chablis est l'un des principaux éléments de la dynamique forestière. L'abondance des précipitations ainsi que de la distribution des peuplements de pins blancs et rouges divisent le domaine de l'érablière à bouleau jaune en deux sous-domaines, l'un à l'ouest, l'autre à l'est.

B SOUS-ZONE DE LA FORÊT MÉLANGÉE

4. Domaine de la sapinière à bouleau jaune (98 600 km^2)

Le domaine bioclimatique de la sapinière à bouleau jaune est un écotone, c'est-à-dire une zone de transition entre la zone tempérée nordique, à laquelle il appartient, et la zone boréale. Il s'étend depuis l'ouest jusqu'au centre du Québec, entre les 47° et 48° de latitude. Il ceinture aussi la péninsule gaspésienne et il englobe les collines des Appalaches, à l'est de Québec, le contrefort des Laurentides, au nord du Saint-Laurent, et l'enclave des basses terres du lac Saint-Jean. Les sites mésiques y sont occupés par des peuplements mélangés de bouleaux jaunes et de résineux, comme le sapin baumier, l'épinette blanche et le thuya. L'érable à sucre y croît à la limite septentrionale de son aire de distribution. Les épidémies de tordeuses des bourgeons de l'épinette et les feux y sont les deux principaux éléments de la dynamique forestière. L'abondance du bouleau jaune et des pinèdes, qui diminue d'ouest en est, permet de distinguer deux sous-domaines : celui de l'ouest est caractérisé par l'omniprésence des bétulaies jaunes à sapins sur les sites mésiques et celui de l'est, par les sapinières à bouleau jaune.

II ZONE BORÉALE

A SOUS-ZONE DE LA FORÊT BORÉALE CONTINUE

5. Domaine de la sapinière à bouleau blanc (139 000 km²)

Le domaine de la sapinière à bouleau blanc occupe le sud de la zone boréale. Le paysage forestier y est dominé par les peuplements de sapins et d'épinettes blanches, mélangés à des bouleaux blancs sur les sites mésiques. Sur les sites moins favorables, l'épinette noire, le pin gris et le mélèze sont souvent accompagnés de bouleaux blancs ou de peupliers faux-tremble. Le bouleau jaune et l'érable rouge ne croissent que dans la partie sud du domaine. La tordeuse des bourgeons de l'épinette est le principal facteur de la dynamique forestière de ce domaine, car le sapin baumier y abonde. Néanmoins, le feu y joue aussi un rôle important. Le domaine de la sapinière à bouleau blanc peut être divisé en deux sous-domaines. Dans celui de l'ouest, le relief est peu accidenté et les dénivellations, peu importantes. Le cycle des feux y est également plus court, ce qui explique l'abondance des peuplements feuillus ou mélangés d'essences de lumière (peuplier faux-tremble, bouleau blanc et pin gris). À cause de l'influence maritime, les précipitations sont généralement plus abondantes dans le sous-domaine de l'est et, conséquemment, le cycle des feux y est plus long.

6. Domaine de la pessière à mousses (402 500 km²)

Vers le nord, le domaine de la pessière à mousses succède à celui de la sapinière à bouleau blanc. Il s'étend approximativement jusqu'au 52e parallèle, et sa limite nord coïncide avec celle de la sous-zone de la forêt boréale continue. Les paysages y sont assez uniformes, puisque le couvert forestier est nettement dominé par l'épinette noire, qui y forme bon nombre de peuplements monospécifiques, mais qui s'associe également à différentes espèces compagnes, dont le sapin baumier. Les sapinières n'occupent plus que les versants de rares collines. Certains feuillus, tels le bouleau blanc, le peuplier faux-tremble et, dans une moindre mesure, le peuplier baumier, croissent aussi dans ce domaine. Les sous-bois sont couverts de mousses hypnacées et de plantes arbustives éricacées. Les espèces herbacées sont peu nombreuses. Compte tenu des précipitations, on divise le domaine bioclimatique de la pessière à mousses en deux sous-domaines. Le cycle des feux, principal élément de la dynamique forestière, est beaucoup plus long dans celui de l'est, où les sapinières sont plus abondantes et la proportion de sapins dans les pessières, plus élevée.

B SOUS-ZONE DE LA TAÏGA

7. Domaine de la pessière à lichens (294 300 km²)

Le domaine de la pessière à lichens occupe toute la sous-zone de la taïga, qui s'étend du 52e au 55e parallèle. Il se distingue surtout de celui de la pessière à mousses par la faible densité du couvert forestier. L'épinette noire, dont la reproduction végétative est favorisée par les rigueurs du climat et la faiblesse des précipitations, ponctue le tapis de lichens. Quant au sapin baumier et au pin gris, ils y atteignent la limite nordique de leur aire de distribution. Le feu a ravagé de vastes étendues dans le domaine de la pessière à lichens.

C SOUS-ZONE DE LA TOUNDRA FORESTIÈRE

8. Domaine de la toundra forestière (224 800 km²)

Le domaine bioclimatique de la toundra forestière est l'écotone, ou transition, entre la zone boréale, dont il fait partie, et la zone arctique. Il s'étend du 55e jusqu'au 58e parallèle, approximativement, avec une enclave le long de la Basse-Côte-Nord. Le paysage a l'allure d'une mosaïque dominée par des landes arbustives, entrecoupées de forêts dans les sites abrités. Cette mosaïque résulte des feux et du climat nordique, attesté par la présence de pergélisol discontinu. La limite nord de ce domaine coïncide avec celle des arbres. On y trouve surtout des peuplements d'épinettes noires rabougries, qui ne mesurent pas plus de trois mètres de hauteur.

III ZONE ARCTIQUE

A SOUS-ZONE DU BAS-ARCTIQUE

9. Domaine de la toundra arctique arbustive (194 500 km²)

Le domaine bioclimatique de la toundra arctique arbustive s'étend du 58e jusqu'au 61e parallèle, approximativement. Les saules et les bouleaux nains y côtoient des plantes herbacées, des graminoïdes pour la plupart, ainsi que des mousses et des lichens. Le pergélisol continu et des formes de terrain qui résultent de l'activité périglaciaire caractérisent ce domaine. Le couvert végétal ne dépasse généralement pas deux mètres, et seules certaines espèces de saules arctiques peuvent atteindre une telle hauteur. Des enclaves d'une végétation apparentée à celle de ce domaine occupent les plus hauts sommets du Québec méridional, dont ceux de la Gaspésie et des monts Groulx.

10. Domaine de la toundra arctique herbacée (37 600 km²)

Le domaine bioclimatique de la toundra arctique herbacée est le plus nordique du Québec. Le climat régional est si rigoureux que même les arbustes sont rares et de petite taille. Cypéracées et graminées s'y mêlent aux mousses et aux lichens et dominent des paysages où le roc et le sol minéral sont souvent dénudés. Tout le territoire est couvert de pergélisol.

LES ESSENCES COMMERCIALES RÉSINEUSES

THUYA OCCIDENTAL

A 0 2,5 cm

B

C

FIGURE 1

A Rameau et cônes

C Tronc (diam. 20 cm)

B Écorce

Thuja occidentalis L.

THUYA OCCIDENTAL (thuya de l'Est)

Arbre : (haut. 15-20 m); tronc souvent tordu, à fort défilement; cime conique, serrée, longue et étroite.

Écorce : mince, brun rougeâtre, fibreuse; crêtes étroites, à sommet plat chez les vieux arbres.

Rameau : aplati, ramilles plates en forme d'éventail.

Feuille : en forme d'écaille, pointue, imbriquée par paire, serrée contre le rameau; vert jaunâtre foncé.

Fruit : cône oblong, jaunâtre à l'état jeune, brunâtre à maturité.

Habitat : lieux humides ou très secs; sols organiques, falaises rocheuses, terrains calcaires.

Distribution : générale; abondant dans la zone de la forêt feuillue et au sud du Saint-Laurent, absent à l'est de Sept-Îles.

Utilisation : piquets, poteaux, bardeaux, canots, armoires à linge, crayons.

*(**Note :** certains l'appellent à tort «cèdre».)*

PRUCHE DU CANADA

A 0 2 cm

B

C

FIGURE 2

A Rameau et cône

C Coupe dans l'écorce

B Tronc (diam. 20 cm)

Tsuga canadensis (L.) Carr.

PRUCHE DU CANADA (pruche de l'Est, pruche)

Arbre : (haut. 19-22 m); tronc à défilement assez prononcé, droit; branches perpendiculaires; cime large et conique.

Écorce : brun grisâtre, écailleuse à l'état jeune, puis marquée de sillons profonds; côtes larges, écailleuses; une coupe dans l'écorce laisse voir des parties rose foncé.

Rameau : grêle, brun jaunâtre, pubescent.

Feuille : aiguille pétiolée, aplatie, lancéolée, bout arrondi; dessus vert foncé, dessous marqué de deux lignes blanchâtres.

Fruit : petit cône, large au milieu, pointu, pédoncule court; demeure sur l'arbre jusqu'au printemps suivant.

Habitat : lieux frais; milieux rocheux et montueux.

Distribution : domaines des érablières à caryer, à tilleul et à bouleau jaune, jusqu'au Cap-Tourmente; et dans la Beauce.

Utilisation : bois d'œuvre, construction, traverses de chemin de fer, bois à pâte, tabliers de ponts.

A 0 5 cm

B 0 2,5 cm

C

D

FIGURE **3**

A Rameaux

B Cônes

C Écorce d'un jeune arbre

D Écorce à maturité

E Vésicules de résine

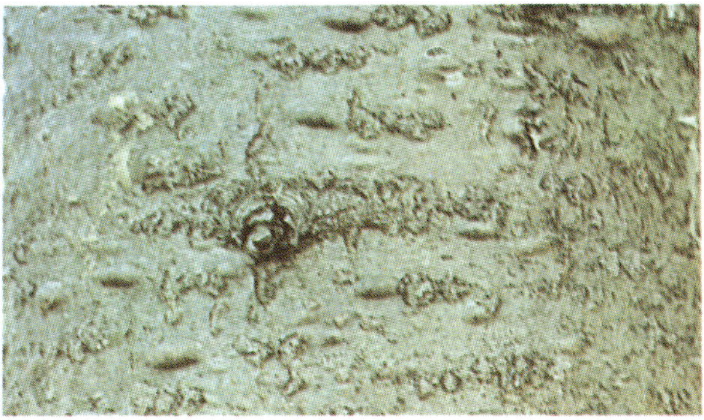

E

Abies balsamea (L.) Mill.

SAPIN BAUMIER (sapin)

Arbre : (haut. 16-22 m); tronc droit, branches horizontales et étagées; cime se terminant en flèche très effilée.

Écorce : lisse, gris pâle, garnie de vésicules de résine à l'état jeune, puis devenant rugueuse avec des crêtes irrégulières sur les sujets âgés.

Rameau : lisse, plus ou moins pubescent, vert jaunâtre.

Feuille : aiguille plate, linéaire, arrondie ou échancrée à l'extrémité; dessus vert foncé, luisant, dessous blanchâtre.

Fruit : cône dressé, cylindrique, oblong, très résineux, pourpre foncé; maturité à l'automne; se désarticule à maturité.

Habitat : général; préfère les sols moyennement drainés.

Distribution : générale, atteint le 56° de latitude.

Utilisation : bois à pâte, construction, bardeaux, lattes, portes et châssis, panneaux de particules, arbres de Noël, oléorésine, huiles essentielles.

*(**Note :** les vésicules sur l'écorce contiennent une résine gluante connue sous le nom de «baume du Canada».)*

ÉPINETTE NOIRE

A 0 2 cm

B 0 0,5 cm

C

FIGURE 4

A Rameau et cônes	**C** **D** Troncs (diam. 18 cm)
B Pubescence sur le rameau	**E** Couleur du liber

D

E

Picea mariana (Mill.) B.S.P.
ÉPINETTE NOIRE (épinette de savane)

Arbre : (haut 9-16 m); tronc droit, faible défilement; cime étroite, à branches retombantes et bouts retroussés, celles du bas longent souvent le tronc.

Écorce : mince, écailleuse, brun grisâtre foncé; liber vert olive.

Rameau : brun rougeâtre, fortement pubescent; écailles extérieures du bourgeon grisâtres, duveteuses; pointes dépassant le bout du bourgeon.

Feuille : aiguille courte (long. 0,7-13 cm) à section quadrangulaire, bout arrondi, assez droite, vert bleuâtre mat; disposée en spirale autour du rameau.

Fruit : cône (long. 1,3-2,5 cm) pendant, ovoïde, pointu; maturité en août, reste sur l'arbre pendant plusieurs années.

Habitat : lieux humides et tourbières au sud; général vers le nord.

Distribution : générale, très nordique, atteint l'Ungava.

Utilisation : bois à pâte de qualité, construction, étais de mine, pieux, traverses de chemin de fer.

ÉPINETTE ROUGE

A

B

C

D

FIGURE **5**

A Rameau et cône

B Pubescence sur le rameau

C Couleur du liber

D **E** Troncs (diam. 15 cm et 20 cm)

E

Picea rubens Sarg.

ÉPINETTE ROUGE

Arbre : (haut. 16-28 m); tronc droit, à faible défilement; branches inférieures horizontales, bout relevé; cime conique.

Écorce : mince, écailleuse, brun rougeâtre pâle, couche extérieure grisâtre; liber chamois à vert olive pâle.

Rameau : brun orangé, plus ou moins pubescent; écailles extérieures du bourgeon luisantes, brun rougeâtre, dépassant de beaucoup le bourgeon.

Feuille : aiguille (long. 1,3-2.1 cm) à section quadrangulaire, bout aigu et souvent recourbé; vert foncé luisant.

Fruit : cône (long. 3,0-5,0 cm) pendant, étroitement ovoïde, pointu; s'ouvre à l'automne et tombe en hiver.

Habitat : sols secs à humides; fréquente sur sols minces.

Distribution : zones des forêts feuillue et mélangée; très abondante au sud du Saint-Laurent, absente dans certains secteurs de la Gaspésie.

Utilisation : bois à pâte, bois d'œuvre, construction, instruments de musique, placage, contre-plaqué.

*(**Note :** s'hybride souvent avec l'épinette noire là où les deux espèces se côtoient.)*

A 0 4 cm

B 0 1 cm

C

D

FIGURE 6

A Cônes

B Rameau non pubescent

C **D** Troncs (diam. 15 cm et 28 cm)

Picea glauca (Moench) Voss

ÉPINETTE BLANCHE

Arbre : (haut. 20-28 m); tronc long, à faible défilement; branches légèrement retombantes; cime conique, terminée en flèche allongée.

Écorce : mince, brun grisâtre, couche externe en écailles très fines, se fissurant en vieillissant; liber blanc argenté.

Rameau : glabre, brun orangé à jaunâtre; bourgeon à écailles extérieures pointues, ne dépassant pas le bourgeon.

Feuille : aiguille (long. 0,9-2,5 cm) large, quadrangulaire, bout arrondi; vert à bleu-vert.

Fruit : cône (long. 4,0-6,0 cm) pendant, cylindrique, brun clair; s'ouvre à l'automne, tombe au cours de l'hiver.

Habitat : sols bien drainés à humides.

Distribution : générale, très nordique, atteint l'Ungava.

Utilisation : bois à pâte, bois d'œuvre, construction, instruments de musique, placage, contre-plaqué.

A 0 2 cm

B 0 7 cm

C

D

FIGURE 7

A	Rameau non pubescent	D	Écorce
B	Rameau et cônes	E	Port des branches
C	Tronc (diam. 30 cm)		

E

Picea abies (L.) Karst.

ÉPINETTE DE NORVÈGE

Arbre : (haut. 25-30 m); branches longues, grêles, droites, à rameaux pendant verticalement; cime large.

Écorce : mince, brun rougeâtre, divisée en écailles fines.

Rameau : glabre, brun orangé, tombant des branches principales; bourgeon brun jaunâtre.

Feuille : aiguille (long. 1,3-2,0 cm) triangulaire, aplatie, droite, à bout pointu.

Fruit : cône (long. 10-18 cm) pendant, cylindrique, brun; s'ouvre sur l'arbre.

Habitat : sols bien drainés à humides.

Distribution : en plantations; surtout dans les zones des forêts feuillue et mélangée.

Utilisation : bois à pâte, bois d'œuvre, construction, instruments de musique, placage, contre-plaqué.

*(**Note :** cette espèce est importée d'Europe, elle s'acclimate très bien ici; pour le moment elle ne se trouve qu'en plantation, mais elle peut se reproduire naturellement.)*

A

B

C

FIGURE 8

- **A** Rameau avec faisceaux d'aiguilles et cônes
- **B** Tronc (diam. 15 cm)
- **C** Écorce à maturité
- **D** Rameau d'hiver et cône ouvert

D 0 1 cm

Larix laricina (Du Roi) K. Koch

MÉLÈZE LARICIN

Arbre : (haut. 19-22 m); tronc droit à faible défilement; cime de forme conique, à branches légèrement ascendantes.

Écorce : mince, lisse, gris bleuâtre, puis brun rougeâtre, écailleuse; liber rouge foncé.

Rameau : grêle, brun orangé; bourgeon petit, lisse, arrondi.

Feuille : aiguille molle, courte, en touffe sur les vieux rameaux, solitaire sur les pousses annuelles.

Fruit : cône, petit, un peu plus long que large, pédonculé, brun pâle; s'ouvre en automne et tombe l'année suivante.

Habitat : lieux très humides; tourbières vers le sud; aussi sur coteaux et plateaux secs vers le nord.

Distribution : générale, très nordique; atteint l'Ungava.

Utilisation : traverses de chemin de fer, pieux, poteaux, pilotis, construction de bateaux, bois à pâte, silos.

*(**Note :** le seul de nos conifères à se dépouiller de ses feuilles à l'automne. Certains l'appellent à tort «épinette rouge».)*

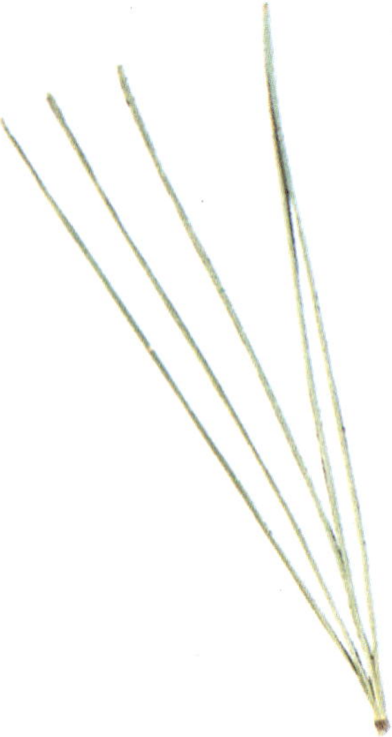

A 0 1 cm

B 0 4 cm

C

D

FIGURE **9**

A Faisceau d'aiguilles à maturité

B Cône immature

C **D** Troncs (diam. 23 cm et 12 cm)

Pinus strobus L.

PIN BLANC

Arbre : (haut. 30-35 m); branches perpendiculaires, bout relevé.

Écorce : lisse, vert grisâtre chez les jeunes, devenant rugueuse, brun grisâtre, divisée en petits carrés, à sillons profonds chez les vieux sujets.

Rameau : mince, vert, duveteux au début puis glabre, brun orangé.

Feuille : cinq aiguilles (long. 6-13 cm) en faisceau, droites, étroites, flexibles, à section triangulaire; gaine à la base disparaissant à maturité.

Fruit : cône cylindrique, long, pédonculé, un peu incurvé; formé en juillet de la deuxième saison, s'ouvre en septembre et tombe peu après.

Habitat : préfère les sols bien drainés et sablonneux; flancs rocheux.

Distribution : zones des forêts feuillue et mélangée; sporadique en forêt boréale.

Utilisation : construction, boiseries intérieures et extérieures, portes et châssis, instruments de musique, ébénisterie, moulage, tournage, allumettes, bateaux, arbres de Noël.

PIN ROUGE

A 0 2,5 cm

B 0 1,5 cm

C

FIGURE **10**

A Rameau et cônes

C Tronc (diam. 32 cm)

B Faisceau d'aiguilles

Pinus resinosa Ait.

PIN ROUGE

Arbre : (haut. 24-39 m); tronc droit, à faible défilement; cime ovale et régulière; branches verticillées, légèrement retombantes.

Écorce : rougeâtre, écailleuse, puis brun rougeâtre; sillons peu profonds; formant des plaques larges et écailleuses.

Rameau : robuste, luisant, orangé à brun rougeâtre.

Feuille : aiguilles (long. 10-16 cm) réunies par deux, luisantes, vert foncé, flexibles, à section en demi-cercle; gaine persistante.

Fruit : cône dressé, ovoïde, pédoncule très court; mûr à l'automne, tombe l'année suivante.

Habitat : lieux secs; sols sableux et rocailleux.

Distribution : zones des forêts feuillue et mélangée; surtout à l'ouest de la province; espèce rare en Gaspésie.

Utilisation : même que le pin blanc, plus : pilotis, poteaux, traverses de chemin de fer.

A

B

C

D

FIGURE **11**

A Rameau et cônes

B Faisceau d'aiguilles

C **D** Troncs (diam. 23 cm et 10 cm)

Pinus banksiana Lamb.

PIN GRIS

Arbre : (haut. 13-20 m); tronc droit, à faible défilement; cime claire à branches courtes et torses.

Écorce : mince, brun rougeâtre à gris, puis brun foncé, écailleuse, marquée de sillons irréguliers.

Rameau : glabre, vert jaunâtre.

Feuille : aiguilles jumelées (long. 2-5 cm) torses, divergentes, pointues, section en demi-cercle, vert jaunâtre pâle.

Fruit : cône oblong ou conique, droit ou recourbé, asymétrique, souvent par deux, pointant vers le bout des branches; formé en septembre de la deuxième année, persiste sur l'arbre 10-15 ans.

Habitat : lieux secs; sols sableux et graveleux.

Distribution : générale, atteint le 56° de latitude, mais espèce absente de l'île d'Anticosti, de la Gaspésie et à l'est de Sept-Îles.

Utilisation : construction, bois à pâte, traverses de chemin de fer, poteaux, pilotis, étais de mine, placage, contre-plaqué.

*(**Note :** certains l'appellent à tort «cyprès».)*

PIN RIGIDE

A 0 2 cm

B 0 2 cm

C 0 1 cm

FIGURE 12

A	Cône ouvert	C	Faisceau d'aiguilles
B	Cônes immatures	D	Tronc (diam. 18 cm)

D

Pinus rigida Mill.

PIN RIGIDE ou PIN DUR

Arbre: rarement plus de 15 m de hauteur; tronc droit, court, souvent garni de touffes d'aiguilles; cime claire, large, conique, avec plusieurs branches mortes, difformes et persistantes.

Écorce: brun rougeâtre, lisse puis écailleuse; se divisant en plaques irrégulières; devient souvent noirâtre.

Rameau: glabre, orangé à brun foncé.

Feuille: aiguilles réunies par trois, tordues, rigides, obtuses, vert jaunâtre; faisceaux munis à la base d'une gaine persistante.

Fruit: cône ovoïde, armé de courtes épines; pédoncule très court, maturité à l'automne de la seconde année, persistant plusieurs années sur l'arbre.

Habitat: généralement sur les sols secs et rocailleux.

Distribution: très limitée au Québec, sud-ouest de Montréal.

Utilisation: ne sert guère qu'au chauffage.

PIN SYLVESTRE

A 0 4 cm

B 0 1 cm

C

D

FIGURE 13

A Rameau, feuilles et cône

B Faisceau d'aiguilles

C **D** Troncs (diam. 10 cm et 25 cm)

E Couleur d'une branche

E

Pinus sylvestris L.

PIN SYLVESTRE ou PIN D'ÉCOSSE

Arbre : (haut. 18-22 m); sommet du tronc et branches orange vif; branches ascendantes, torses.

Écorce : mince, écailleuse, brun grisâtre, se fendillant, sillons orangés, crêtes sombres chez les vieux sujets.

Rameau : glabre, rouge orangé.

Feuille : aiguilles jumelées, tordues, section en demi-cercle, superposées, vert bleuâtre.

Fruit : cône aigu, oblong, courbé et à pointe dirigée vers le tronc de l'arbre.

Habitat : sols secs à humides.

Distribution : en plantations.

Utilisation : construction, boiseries intérieures et extérieures, portes et châssis, instruments de musique, ébénisterie, moulage, tournage, allumettes, bateaux, arbres de Noël.

*(**Note :** essence exotique qui peut se reproduire naturellement.)*

LES ESSENCES COMMERCIALES FEUILLUES

A 0 2 cm **B**

C 0 1 cm

FIGURE **14**

A Feuilles

B Tronc (diam. 10 cm)

C Rameau d'hiver, avec chaton mâle

Betula populifolia Marsh.

BOULEAU GRIS ou BOULEAU À FEUILLES DE PEUPLIER

Arbre : dépasse rarement 10 m de hauteur et 17 cm de diamètre; souvent en touffe, tronc arqué, onduleux; branches grêles, retombantes à l'extrémité; intolérant à l'ombre.

Écorce : mince, lisse, brun rougeâtre chez les jeunes tiges, devenant blanc crayeux, marquée de taches noirâtres triangulaires, difficilement détachable; lenticelles fines et horizontales.

Rameau : mince, brun orangé à gris, marqué de glandes verruqueuses, blanchâtres; bourgeons pointus, brun châtain, légèrement résineux.

Feuille : alterne, simple, triangulaire, à pointe fine, allongée; dents grossières, doubles, pointues; dessus vert foncé luisant, dessous plus pâle, glabre.

Fleur : chaton allongé; fleur mâle formée à l'automne précédent; fleur femelle paraissant avec les feuilles.

Fruit : nucule, porté dans un cône pendant ou mi-dressé.

Habitat : généralement dans les lieux sablonneux et très secs; sols pauvres; lieux humides et tourbières.

Distribution : plaine du Saint-Laurent, jusqu'aux environs de Rivière-Ouelle; aussi dans les Cantons de l'Est.

Utilisation : bois de chauffage, cercles de tonneaux.

BOULEAU À PAPIER

A 0 1,5 cm

B 0 2 cm

C

D

FIGURE 15

A Rameaux d'hiver avec chatons mâles

B Feuilles

C **D** Troncs (diam. 20 cm et 12 cm)

Betula papyrifera Marsh.

BOULEAU À PAPIER ou BOULEAU BLANC

Arbre : (haut. 19-25 m); tronc souvent sinueux; cime ovale, claire, étroite; intolérant à l'ombre.

Écorce : mince, lisse, brun rougeâtre chez les jeunes tiges, devenant blanc rosâtre à blanc crème, se détache facilement en longues bandes horizontales; lenticelles horizontales et saillantes.

Rameau : grêle, brun rougeâtre foncé, parfois pubescent, tacheté de lenticelles blanchâtres; bourgeon légèrement résineux, aigu, un peu duveteux.

Feuille : alterne, simple, ovée, acuminée, arrondie ou cordée à la base; dents aiguës, irrégulières, doubles; dessus vert mat, dessous plus pâle, plus ou moins pubescent.

Fleur : chaton allongé; fleur mâle formée à l'automne précédent, fleur femelle avec les feuilles.

Fruit : nucule, dans un cône allongé, pendant et pédonculé.

Habitat : varié.

Distribution : générale, très nordique, atteint le 57° de latitude.

Utilisation : tournage, bois à pâte, placage, contre-plaqué, meubles, cercueils.

A

B

C

FIGURE **16**

A Rameau d'hiver

B Feuilles

C Tronc (diam. 18 cm)

Betula alleghaniensis Britt.

BOULEAU JAUNE

Arbre : (haut. 19-25 m) peut atteindre 30 m; tronc long, droit, à faible défilement; branches fortes.

Écorce : mince, luisante, jaunâtre ou bronzée, se détachant en minces feuilles frisées; chez les très vieux sujets, divisée en larges plaques raides à bord déchiquetés.

Rameau : grêle, brun jaunâtre pâle à brun rougeâtre, généralement pubescent; bourgeon pointu, brun châtain.

Feuille : alterne, simple, acuminée, base obtuse ou subcordée; dents aiguës, doublement dentées; dessus vert foncé, dessous plus pâle, nervure centrale pubescente.

Fleur : chaton verdâtre; fleur mâle formée à l'automne précédent, fleur femelle avant les feuilles.

Fruit : nucule, dans un cône robuste, ovale, rigide, dressé, persistant quelquefois tout l'hiver.

Habitat : lieux bien drainés à humides; sites plutôt riches.

Distribution : abondant dans les zones des forêts feuillue et mélangée; atteint les environs du 49° de latitude.

Utilisation : tournage, ébénisterie, bois à pâte, placage, contre-plaqué, boiserie intérieure, traverses de chemin de fer, cercueils.

*(**Note :** l'écorce et les rameaux brisés possèdent une forte saveur de salicylate de méthyle. Certains l'appellent à tort «merisier».)*

A

B

C

FIGURE 17

A Rameau avec feuilles

B **C** Troncs (diam. 15 cm et 10 cm)

D Rameau d'hiver

Ostrya virginiana (Mill.) K. Koch

OSTRYER DE VIRGINIE (bois de fer)

Arbre : peut atteindre 19 m en terrain favorable; tronc droit, mince; branches longues, grêles; cime mince, conique.

Écorce : brun grisâtre, en écailles minces, rectangulaires, longitudinales, retroussées aux deux extrémités.

Rameau : grêle, luisant, brun rougeâtre foncé; bourgeon pointu, brun verdâtre, un peu pubescent, à angle ouvert avec le rameau.

Feuille : alterne, simple, en deux rangées le long du rameau, ovée, acuminée, base rétrécie; dents doubles, aiguës; dessus vert jaune foncé, dessous plus pâle, duveteux.

Fleur : chaton verdâtre; fleur mâle formée à l'automne précédent, fleur femelle sortant pendant la feuillaison.

Fruit : nucule verdâtre, dans un cône; en grappe pendante; mûr à la fin de l'été.

Habitat : érablières, sites riches, sols plutôt secs.

Distribution : abondant dans les domaines des érablières à caryer et à tilleul; atteint les environs du 47° de latitude.

Utilisation : manches d'outils, perches flexibles.

CERISIER TARDIF

A 0 3 cm

B 0 2 cm

C

D

FIGURE **18**

A Feuilles et grappe de fleurs	**D** Tronc (diam. 10 cm)
B Dessous d'une feuille	**E** Rameau d'hiver
C Écorce à maturité	

Prunus serotina Ehrh.

CERISIER TARDIF (cerisier noir, cerisier d'automne)

Arbre : (haut. 19-22 m) peut atteindre 30 m; tronc droit, long, peu décroissant; cime à sommet arrondi.

Écorce : lisse, brun rougeâtre chez les jeunes tiges, devenant très foncée à noire et se divisant en écailles à bords retroussés chez les tiges plus vieilles; marquée de lenticelles saillantes.

Rameau : étroit, brun rougeâtre, glabre; bourgeon pointu, à angle ouvert avec le rameau.

Feuille : alterne, simple, elliptique ou légèrement lancéolée, épaisse; dents étroites, incurvées; dessus vert foncé luisant, dessous plus pâle.

Fleur : blanche; grappe terminale, allongée.

Fruit : drupe (diam. 1 cm) presque noire, amère, globuleuse, charnue; calice de la fleur persistant à la base du fruit; mûr en août-septembre.

Habitat : érablières, lieux rocheux; sols riches, bordures de rivières.

Distribution : zone de la forêt feuillue surtout dans les domaines des érablières à caryer et à tilleul.

Utilisation : ébénisterie, pipes, instruments de musique, cercueils.

ORME D'AMÉRIQUE

A 0 2 cm

B 0 1 cm

C 0 1 cm

D

E

FIGURE 19

A	Feuille	F	Samare
B	Grosses dents doubles	G	Rameau d'hiver
C	Coupe de l'écorce		
D E	Troncs (diam. 20 cm et 10 cm)		

F 0 0,5 cm

G 0 1 cm

Ulmus americana L.

ORME D'AMÉRIQUE (orme blanc)

Arbre : (haut. 19-25 m) peut atteindre 40 m; tronc droit, souvent large à la base, divisé en grosses branches ascendantes, bouts retombants; cime à sommet arrondi.

Écorce : brun rougeâtre, côtes larges, souvent écailleuse; une coupe dans l'écorce montre une alternance de couches blanchâtres minces et de couches brun rougeâtre plus épaisses.

Rameau : brun rougeâtre, glabre ou légèrement pubescent, sinueux; bourgeon pointu, plus ou moins aplati, serré contre le rameau.

Feuille : alterne, simple, ovale, base asymétrique, sommet aigu; grosses dents divisées en 2-3 dents plus petites; dessus vert foncé, glabre, dessous plus pâle et souvent pubescent.

Fruit : samare ovale, fortement ciliée, échancrée au sommet, mince; mûr en mai ou début juin.

Habitat : sols riches; lieux humides, rives; fréquent dans les champs en Estrie et dans la vallée du Saint-Laurent.

Distribution : zone de la forêt feuillue; quelques stations dans la zone de la forêt mélangée, Abitibi, Lac-Saint-Jean et Gaspésie.

Utilisation : barils pour denrées sèches, ébénisterie, panneaux, cercueils, construction de bateaux, articles de sport.

A 0 2,5 cm

B 0 1 cm

C

D

FIGURE **20**

A Feuille	**E** Samare
B Rameaux d'hiver	**F** Coupe de l'écorce
C **D** Troncs (diam. 30 cm et 10 cm)	

E

F

Ulmus rubra Mühl.

ORME ROUGE (orme gras)

Arbre : (haut. 19-25 m); semblable à l'orme d'Amérique sauf tronc divisé plus haut; cime aplatie.

Écorce : brun rougeâtre; crêtes peu épaisses, longitudinales, écailleuses; une coupe dans l'écorce montre une couleur rouille uniforme.

Rameau : gros, brun grisâtre, pubescent, sinueux; bourgeon brun foncé, obtus; bourgeon floral plus gros, arrondi.

Feuille : alterne, simple, ovale, base asymétrique, terminée en pointe longue; dents grossières, doubles; dessus vert foncé très rugueux, dessous plus pâle et pubescent.

Fruit : samare, presque circulaire, échancrure peu profonde, pubescente autour de la graine seulement.

Habitat : sols riches, souvent calcaires; pâturages, collines rocheuses, rives, grèves sablonneuses.

Distribution : domaines des érablières à caryer et à tilleul, jusqu'à la ville de Québec.

Utilisation : barils pour denrées sèches, ébénisterie, panneaux, cercueils, construction de bateaux, articles de sport.

ORME LIÈGE

A

B

C

FIGURE 21

A Feuille et section d'une petite branche

B Rameau d'hiver avec côtes à texture de liège

C Tronc (diam. 18 cm)

Ulmus thomasii Sarg.

ORME LIÈGE (orme de Thomas)

Arbre : (haut. 16-22 m); tronc non divisé, branches presque horizontales, les plus petites souvent tordues.

Écorce : gris foncé, crevassée; crêtes larges, entrecroisées; une coupe dans l'écorce montre des couches blanchâtres, minces, alternant avec des couches sombres plus épaisses.

Rameau : pubescent, brun rougeâtre pâle, à côtes saillantes à texture de liège, sinueux; bourgeon pointu, finement pubescent, à angle ouvert avec le rameau.

Feuille : alterne, simple, acuminée, base asymétrique; dents doubles; dessus vert foncé luisant, lisse, dessous un peu plus pâle et légèrement pubescent.

Fruit : samare oblongue-ovale, bout légèrement échancré, aile ciliée.

Habitat : sols riches; milieux calcaires; rochers, rives de lacs.

Distribution : région montréalaise, le long de l'Outaouais jusqu'à Hull.

Utilisation : châssis de piano, charpentes de bateaux, défenses de quais, surtout bâtons de hockey, manches d'outils.

A 0 4 cm

B 0 2 cm

C

D

FIGURE **22**

A	Feuille
B	Bractée de fleurs et fruits immatures
C **D**	Troncs (diam. 10 cm et 30 cm)
E	Rameau d'hiver

E 0 1,5 cm

Tilia americana L.

TILLEUL D'AMÉRIQUE (bois blanc)

Arbre : (haut. 19-22 m) peut dépasser 30 m; tronc droit, très long; cime ronde, uniforme; peu tolérant à l'ombre.

Écorce : lisse au début, brun grisâtre, devenant plus foncée; divisée en crêtes longitudinales, longues, étroites et aplaties.

Rameau : fort, glabre, zigzagant, luisant, rouge vif ou vert; bourgeon rouge vif, luisant, asymétrique, pointu, en deux rangées le long du rameau.

Feuille : alterne, simple, très grande, cordiforme, acuminée, asymétrique, grossièrement dentée; dessus vert foncé, dessous plus pâle.

Fleur : en cyme, au bout d'un long pédoncule; fixée sur la nervure médiane d'une bractée foliacée; en juillet.

Fruit : sec, globuleux, revêtu d'une pubescence brunâtre; tombe au cours de l'hiver.

Habitat : sols riches; lieux montueux ou rocheux; alluvions de rivières.

Distribution : zone de la forêt feuillue, domaines des érablières à caryer et à tilleul.

Utilisation : sculpture, modelage, tournage, finition intérieure, placage, contre-plaqué, ébénisterie.

PEUPLIER FAUX-TREMBLE

A 0 1,5 cm

B

C

D

FIGURE **23**

A Feuille

B **C** **D** Différentes couleurs de l'écorce

E Rameau d'hiver

E

Populus tremuloides Michx.

PEUPLIER FAUX-TREMBLE (tremble)

Arbre : (haut. 16-20 m); tronc à faible défilement, droit, nu sur presque toute sa longueur, peu tolérant à l'ombre.

Écorce : lisse, apparence cireuse, marquée horizontalement de lignes saillantes, vert pâle à presque blanche, devenant grise, rugueuse; sillons longitudinaux, peu profonds; côtes plates.

Rameau : mince, luisant, brun grisâtre; bourgeon conique, pointu, brun rougeâtre, incurvé vers le rameau; bourgeon floral plus gros.

Feuille : alterne, simple, presque ronde, terminée brusquement en pointe; dents fines, arrondies; pétiole long et aplati; dessus vert foncé luisant, dessous vert jaunâtre.

Fleur : chaton duveteux, pendant; tôt au printemps.

Habitat : lieux ouverts; terrains perturbés.

Distribution : générale, jusqu'au 57° de latitude; moins boréale que le peuplier baumier cependant.

Utilisation : bois à pâte, placage, contre-plaqué, panneaux de particules, allumettes.

PEUPLIER À GRANDES DENTS

A 0 2,5 cm

B

C

D

E

FIGURE 24

A Feuille	**D** Tronc (diam. 16 cm)
B Écorce (losanges orangés)	**E** Base crevassée du tronc
C Écorce (sillons)	**F** Rameau d'hiver

F

Populus grandidentata Michx.

PEUPLIER À GRANDES DENTS (grand tremble)

Arbre : (haut. 16-20 m) peut atteindre 30 m; tronc droit, élancé; cime à branches assez grosses, sommet arrondi; intolérant à l'ombre.

Écorce : lisse, vert pâle à gris jaunâtre, marquée de petits losanges et de sillons à fond orangé; base des arbres âgés très crevassée.

Rameau : assez gros, brun rougeâtre à brun grisâtre, duveteux à la feuillaison, restant parfois pubescent; bourgeon terminal à pointe droite, couvert d'un duvet grisâtre; bourgeon floral plus gros.

Feuille : alterne, simple, presque ronde, terminée en pointe; pétiole long et aplati; dessus vert foncé, dessous vert pâle, pubescent au printemps.

Fleur : chaton pubescent, pendant; tôt au printemps.

Habitat : sensiblement les mêmes stations que le peuplier faux-tremble avec lequel on le retrouve souvent.

Distribution : surtout dans la zone de la forêt feuillue, occasionnellement dans la zone de la forêt mélangée.

Utilisation : bois à pâte, placage, contre-plaqué, panneaux de particules, allumettes.

A

B

C

FIGURE **25**

A Feuille

B **C** Troncs (diam. 15 cm et 23 cm)

D Rameau d'hiver avec bourgeons floraux

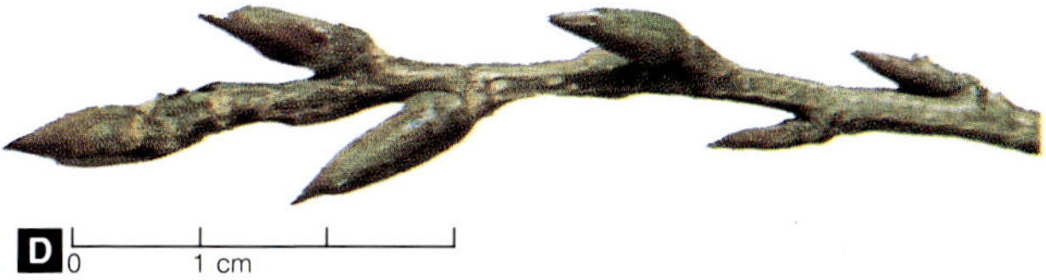

Populus deltoides Bartr. ex Marsh.

PEUPLIER DELTOÏDE (liard)

Arbre : (haut. 20-30 m); tronc droit; branches ascendantes à angle serré contre le tronc; cime petite et arrondie; intolérant à l'ombre.

Écorce : lisse et gris jaunâtre chez les jeunes tiges, gris foncé et profondément crevassée chez les adultes.

Rameau : gros, brun jaunâtre, souvent anguleux; bourgeon terminal mince, effilé, légèrement résineux et luisant; bourgeon latéral plus petit.

Feuille : alterne, simple, triangulaire, à dents rondes, glanduleuse à la base de la nervure principale, extrémité entière; dessus luisant, vert vif, dessous un peu plus pâle; pétiole long et aplati.

Fleur : chaton pendant; paraissant avant les feuilles, issue d'un bourgeon floral.

Habitat : basses-terres; sols riches; plaines d'alluvions, rives

Distribution : domaines des érablières à caryer et à tilleul.

Utilisation : contre-plaqué, bois à pâte, panneaux de particules, frisons d'emballage.

PEUPLIER BAUMIER

A

B

C

FIGURE 26

A Feuille	**C** Tronc (diam. 15 cm)
B Détail de l'écorce	**D** Rameau d'hiver

Populus balsamifera L.

PEUPLIER BAUMIER (baumier)

Arbre : (haut. 16-20 m); tronc presque cylindrique, droit; cime effilée, à grosses branches ascendantes; intolérant à l'ombre.

Écorce : brun verdâtre, lisse, devenant grisâtre, crevasses irrégulières, crêtes rugueuses à sommet plat; côtes épaisses chez les sujets âgés.

Rameau : fort, lisse, brun rougeâtre, cylindrique; bourgeon pointu, long, résineux et très aromatique.

Feuille : alterne, simple, ovale, acuminée; dents fines, arrondies; pétiole cylindrique; dessus vert foncé luisant, dessous vert pâle, marqué de taches résineuses brunâtres.

Fleur : chaton pendant; paraissant avant les feuilles.

Habitat : préfère les lieux humides; rives.

Distribution : générale, très nordique, jusqu'au 58° de latitude.

Utilisation : contre-plaqué, bois à pâte, panneaux de particules, frisons d'emballage.

ÉRABLE À SUCRE

B 0 1 cm

A 0 3 cm

C

D

E

FIGURE **27**

A Feuille	**D E** Troncs (diam. 25 cm)
B Disamare	**F** Rameau d'hiver
C Écorce verruqueuse	

Acer saccharum Marsh.

ÉRABLE À SUCRE (érable franc)

Arbre : (haut. 25-28 m); tronc généralement long et droit; cime à branches grêles et ascendantes, sommet arrondi.

Écorce : grise et lisse chez les jeunes tiges, devenant verruqueuse et crevassée, puis écailleuse sur les vieux sujets.

Rameau : brun rougeâtre, glabre, luisant; bourgeon terminal brun, pointu, aux nombreuses écailles, légèrement pubescent; bourgeon latéral semblable mais plus petit.

Feuille : opposée, simple, 3-5 lobes, sinus arrondi et très ouvert; dessus vert foncé, dessous plus pâle et généralement glabre.

Fruit : disamare; graine épaisse, ailes peu divergentes; pédicelle plus long que le fruit; mûr en automne.

Habitat : préfère les sols riches moyennement drainés, aussi sols minces et mieux drainés.

Distribution : zones des forêts feuillue et mélangée.

Utilisation : ébénisterie, planchers, tournage, placage, contre-plaqué; manches d'outils, articles de sport, traverses de chemin de fer, sirop d'érable.

*(**Note:** on trouve également dans la région montréalaise l'érable noire (A. nigrum* Michx. f.*) où il hybride avec l'érable à sucre; il se distingue par ses feuilles garnies d'une forte pubescence inférieurement; rameaux brun rougeâtre, mats et pubescents.)*

ÉRABLE ROUGE

A 0 3 cm

B 0 1 cm

C

D

FIGURE **28**

A Feuille **B** Disamare

C **D** Troncs (diam. 20 cm et 28 cm)

E Rameau d'hiver

E 1 cm

Acer rubrum L.

ÉRABLE ROUGE (plaine)

Arbre : (haut. 22-28 m); tronc long et droit en forêt; cime courte, étroite, formée de branches verticales, les plus petites relevées à l'extrémité.

Écorce : lisse, gris pâle au début, devenant gris foncé et se fissurant en longues plaques étroites et écailleuses chez les vieux arbres.

Rameau : glabre, luisant, rouge foncé; bourgeon de forme arrondie, rouge, luisant; bourgeon floral globuleux en groupe dense.

Feuille : opposée, simple, 3-5 lobes, grossièrement dentée, sinus aigu; dessus vert pâle, dessous plus pâle souvent argenté.

Fleur : avant les feuilles; en une petite grappe rouge, plus rarement jaunâtre.

Fruit : disamare; ailes un peu divergentes, rougeâtre; maturité en juin.

Habitat : varié, préfère les sols humides.

Distribution : zones des forêts feuillue et mélangée.

Utilisation : ébénisterie, placage, contre-plaqué, traverses de chemin de fer, bois à pâte, sirop d'érable.

ÉRABLE ARGENTÉ

A

B

C

FIGURE **29**

A Feuilles, aspect des deux faces

B Écorce à maturité **C** Tronc (diam. 23 cm)

D Disamare

E Rameaux d'hiver, bourgeons floraux sur celui de gauche

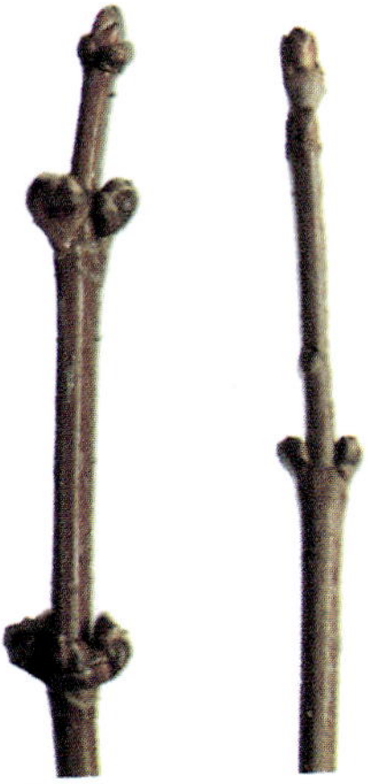

D 0 1,5 cm

E 0 1 cm

Acer saccharinum L.

ÉRABLE ARGENTÉ (plaine blanche)

Arbre : (haut. 25-28 m); tronc court en peuplement ouvert; branches dressées, en forme de S, ramifiées.

Écorce : mince, lisse, gris argent chez les jeunes tiges, devenant gris foncé et se divisant en écailles minces, étroites et soulevées aux deux bouts chez les sujets âgés.

Rameau : fort, rouge luisant ou brun grisâtre, glabre; bourgeon arrondi; bourgeon floral globuleux, en un groupe dense autour du rameau.

Feuille : opposée, simple, 5 lobes, sinus profond en forme d'ogive; dents grossières et pointues; dessus vert pâle, dessous blanc argenté. (Certaines feuilles très découpées, selon la variété.)

Fruit : disamare; ailes très divergentes; graine striée, renflée, mûrissant tôt en été; souvent une des deux graines avorte, laissant une aile atrophiée.

Habitat : lieux humides souvent inondés; bords de rivières.

Distribution : domaines des érablières à caryer et à tilleul, jusqu'à Ville-Marie.

Utilisation : ébénisterie, planchers, placage, contre-plaqué, bois à pâte, traverses de chemin de fer.

HÊTRE À GRANDES FEUILLES

A 0 2 cm

B 0 0,5 cm

C

D

FIGURE **30**

A Feuille	**D** Tronc (diam. 20 cm)
B Akène (faîne)	**E** Rameau d'hiver
C Écorce à maturité	

Fagus grandifolia Ehrh.

HÊTRE À GRANDES FEUILLES

Arbre : (haut. 22-25 m); tronc droit, bosselé; cime large; branches fines.

Écorce : mince, lisse, gris bleu pâle, mouchetée de taches foncées, marquée de cicatrices horizontales.

Rameau : grêle, en zigzag, brun rougeâtre; bourgeon long, cylindrique, aigu, à angle ouvert avec le rameau.

Feuille : alterne, simple, elliptique, aiguë; dents grosses, aiguës, incurvées au bout des nervures secondaires.

Fruit : akène triangulaire; brou couvert d'épines; mûr en octobre.

Habitat : généralement sur les sols bien drainés ou au sommet de collines; après perturbations dans les érablières.

Distribution : zone de la forêt feuillue, aussi dans la zone de la forêt mélangée au sud du Saint-Laurent.

Utilisation : planchers, ébénisterie, manches d'outils, tournage, traverses de chemin de fer, tonnellerie.

A

B

C

D

FIGURE **31**

A Feuille | **B** Gland

C Tronc (diam. 23 cm), écorce crevassée

D Tronc (diam. 20 cm), écorce lisse

E Rameau d'hiver

Quercus rubra L.

CHÊNE ROUGE

Arbre : (haut. 19-25 m); tronc long, cime arrondie; branches fortes.

Écorce : lisse, brun verdâtre au début puis plus foncée, sillons peu profonds, fond pâle, crêtes dures, sommet plat.

Rameau : assez gros, lisse, rouge foncé à brun verdâtre; bourgeon terminal (long. 7 mm), aigu, luisant, lisse ou quelques poils à l'extrémité; bourgeon latéral semblable mais petit.

Feuille : alterne, simple; 7-11 lobes à sommet divisé et terminé en pointe effilée; sinus en V, à mi-chemin de la nervure centrale; vert jaunâtre, terne ou luisant.

Fruit : gland amer; inséré, du quart ou du tiers, dans une cupule écailleuse en forme de béret.

Habitat : généralement dans les milieux plutôt secs, rocailleux.

Distribution : fréquent dans la zone de la forêt feuillue, quelques stations dans la zone de la forêt mélangée en bordure du Saint-Laurent, en Gaspésie et au Lac-Saint-Jean.

Utilisation : tonneaux à denrées sèches, ébénisterie, boiserie intérieure, planchers.

A

B

C

D

FIGURE **32**

A **B** Feuilles de forme différente et aspect du dessus et du dessous

C Tronc (diam. 20 cm) **D** Détail de l'écorce

E Rameau d'hiver

E

Quercus alba L.

CHÊNE BLANC

Arbre : (haut. 20-30 m); en forêt, tronc long, cime courte, mince.

Écorce : gris pâle, écailleuse, fissures peu profondes formant des plaques irrégulières sur les individus âgés.

Rameau : robuste, vert rougeâtre ou gris, souvent pubescent; bourgeon terminal arrondi et glabre; bourgeon latéral plus petit à angle ouvert avec le rameau.

Feuille : alterne, simple, 5-9 lobes arrondis, sinus profond, duveteuse au début puis devenant glabre; dessus vert vif, dessous plus pâle.

Fruit : gland doux et comestible, forme allongée, plus petit que celui du chêne rouge; enfermé du quart dans une cupule écailleuse et verruqueuse.

Habitat : sols secs.

Distribution : domaine de l'érablière à caryer, remonte le long de l'Outaouais.

Utilisation : ébénisterie, planchers, boiserie intérieure, construction de bateaux, tonnellerie, placage, contre-plaqué, cercueils.

A 0 3 cm

B

C

D

FIGURE **33**

A	Feuille
B	Branches tordues et noueuses de la cime
C **D**	Troncs (diam. 20 cm et 36 cm)
E	Rameau d'hiver

E 0 0,5 cm

Quercus macrocarpa Michx.

CHÊNE À GROS FRUITS (chêne blanc frisé)

Arbre : dépasse rarement 16 m; branches tordues; tronc long, droit, souvent muni de brindilles adventives.

Écorce : brun pâle, rugueuse, sillons profonds, crêtes écailleuses, épaisses.

Rameau : gros, brun jaunâtre, légèrement pubescent, crevassé, marqué de côtes à texture de liège; bourgeon terminal (long. 3-6 mm) brun rougeâtre, pubescent, obtus; bourgeon latéral semblable mais plus court et serré contre le rameau.

Feuille : alterne, simple, 5-9 lobes arrondis, sinus profond, partie supérieure plus large; dessus vert foncé luisant, dessous plus pâle et pubescent.

Fruit : gland doux (long. 1,9-3,2 cm); cupule très frangée, couvrant le gland sur la moitié ou plus.

Habitat : basses terres humides; lieux riches; pentes fertiles.

Distribution : domaine de l'érablière à caryer, persiste localement dans le domaine de l'érablière à tilleul, jusqu'à Ville-Marie à l'ouest, Saint-Marc-des-Carrières à l'est et dans la vallée de la Gatineau.

Utilisation : ébénisterie, planchers, boiserie intérieure, construction de bateaux, tonnellerie, placage, contre-plaqué, cercueils.

CHÊNE BICOLORE

A 0 3 cm

B 0 1 cm

C 0 1 cm

D 0 5 cm

E

FIGURE **34**

A B Feuilles de forme différente

C Rameau d'hiver

D Dessous des feuilles (formes les plus communes)

E F Troncs (diam. 20 cm et 45 cm)

G Gland

F

G

Quercus bicolor Willd.

CHÊNE BICOLORE (chêne bleu)

Arbre : (haut. 16-19 m); tronc droit; branches supérieures assez grêles pour un chêne, ascendantes, celles du bas tombantes et tordues.

Écorce : lisse, écailleuse, brun rougeâtre à l'état jeune puis brun grisâtre, se fissurant pour former de longues côtes écailleuses.

Rameau : gros, glabre ou légèrement duveteux, brun rougeâtre; bourgeon terminal (long. 2-3 mm) arrondi, rarement duveteux; bourgeon latéral plus petit.

Feuille : alterne, simple, partie supérieure élargie, lobe peu profond ou dents arrondies; dessus vert foncé et luisant, dessous vert pâle et velouté.

Fruit : gland doux; cupule recouvrant le tiers du gland, parfois légèrement frangée; porté sur un long pédoncule.

Habitat : lieux humides, basses-terres, rives.

Distribution : domaine de l'érablière à caryer.

Utilisation : ébénisterie, planchers, boiserie intérieure, construction de bateaux, tonnellerie, placage, contre-plaqué, cercueils.

NOYER CENDRÉ

A

B

C

FIGURE 35

A	Feuille	C	Petit groupe de noyers
B	Tronc (diam. 18 cm)	D	Rameau d'hiver

D 0 1 cm

Juglans cinerea L.

NOYER CENDRÉ (arbre à noix longues)

Arbre : dépasse rarement 23 m; tronc généralement court; grosses branches ascendantes.

Écorce : gris cendré, lisse au début puis crevassée, formant de larges côtes entrecroisées et aplaties.

Rameau : très gros, gris verdâtre ou chamois, pubescent; cicatrice foliaire en forme de tête de bélier; moelle cloisonnée; bourgeon pubescent, allongé, bout arrondi; bourgeon latéral petit et arrondi, souvent plus d'un au-dessus de la cicatrice foliaire.

Feuille : alterne, composée; 11-17 folioles, lancéolées, aiguës, finement dentées; pétiole fort et pubescent; dessus vert jaunâtre, rugueux, dessous plus pâle et pubescent.

Fruit : noix douce et comestible, allongée et pointue, longueur avec brou, 5-8 cm; brou épais et pubescent, brun à maturité.

Habitat : sols modérément à bien drainés, riches; terrasses de rivières; rives de cours d'eau.

Distribution : domaines des érablières à caryer et à tilleul, Charlevoix.

Utilisation : boiserie intérieure, ébénisterie, tournage, commerce des noix.

CARYER CORDIFORME

A 0 6 cm

B 0 2 cm

C

D

FIGURE **36**

A	Feuille	**D**	Détail de l'écorce à maturité
B	Rameau d'hiver	**E**	Fruits
C	Tronc (diam. 20 cm)		

Carya cordiformis (Wangenh.) K. Koch

CARYER CORDIFORME (caryer amer, noyer amer)

Arbre : (haut. 16-19 M.); tronc long, à faible défilement, nu aux trois quarts; cime courte, arrondie, formée de fines branches.

Écorce : lisse, gris verdâtre, devenant gris pâle ou brune, marquée de sillons de plus en plus nombreux, petits et peu profonds, côtes étroites et écailleuses.

Rameau : assez gros, luisant, lisse ou un peu pubescent, verdâtre à gris brun; bourgeon terminal obtus, recourbé, jaune soufre; bourgeon latéral semblable mais plus petit.

Feuille : alterne, composée; 7-11 folioles, lancéolées, dents grossières; pétiole mince et pubescent; dessus vert foncé luisant, dessous plus pâle et pubescent.

Fruit : noix presque ronde, très amère; brou mince, vert jaunâtre.

Habitat : sols riches, modérément humides à bien drainés, souvent calcaires.

Distribution : domaine de l'érablière à caryer, quelques stations le long du Saint-Laurent jusqu'au comté de Portneuf.

Utilisation : articles de sport, manches d'outils, ébénisterie, boiserie intérieure.

CARYER OVALE

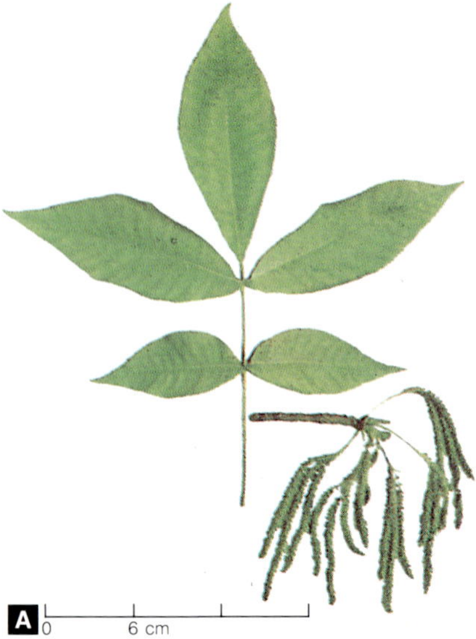

A

B

C

FIGURE **37**

A Feuille et fleurs mâles

B **C** Troncs (diam. 10 cm et 25 cm)

D Rameau d'hiver

D 0 1 cm

Carya ovata (Mill.) K. Koch

CARYER OVALE (caryer blanc, noyer tendre, caryer à fruits doux)

Arbre : (haut. 19-25 m); tronc droit et nu aux trois quarts; cime petite et aplatie.

Écorce : jeune tige lisse, gris pâle et légèrement fendillée; rugueuse, plus foncée et se détachant en longues lamelles retroussées chez les adultes.

Rameau : gros, luisant, brun rougeâtre et généralement pubescent; bourgeon terminal ovoïde, pointu, brun verdâtre et pubescent; bourgeon latéral à angle ouvert avec le rameau.

Feuille : alterne, composée; 5-7 folioles, dentées, aiguës, larges vers le milieu, effilées à la base; dessus vert jaunâtre, dessous plus pâle et légèrement pubescent.

Fleur : fleur mâle : chatons verts, allongés, réunis par trois; fleur femelle : épi court.

Fruit : noix ronde, douce; brou (long. 2,5-6,3 cm) épais, brun rougeâtre foncé, s'ouvrant en quatre.

Habitat : sols riches, modérément humides à bien drainés.

Distribution : domaine de l'érablière à caryer; le long du fleuve jusqu'au lac Saint-Pierre.

Utilisation : articles de sport, manches d'outils, ébénisterie, boiserie intérieure.

FRÊNE D'AMÉRIQUE

A 0 6 cm

B 0 1 cm

C

D

FIGURE 38

A Feuille — **B** Samare

C **D** Troncs (diam. 15 cm et 30 cm)

E Rameau d'hiver

Fraxinus americana L.

FRÊNE D'AMÉRIQUE ou FRÊNE BLANC (franc frêne)

Arbre : (haut. 16-19 m); tronc long, droit et nu sur presque toute sa longueur; cime pyramidale.

Écorce : grise ou brunâtre, sillons étroits; crêtes dures, aplaties et entrecroisées.

Rameau : gros, glabre, luisant, gris ou brun verdâtre; bourgeon terminal obtus à quatre faces, plus large que long; bourgeon latéral plus petit et au même niveau que le bourgeon terminal.

Feuille : opposée, composée; 5-9 folioles, nettement pétiolées, ovales, lancéolées, acuminées, dents très fines, glabres; dessus vert foncé, dessous plus pâle.

Fruit : samare allongée, en grappe; aile n'entourant pas la graine; graine cylindrique; mûr en fin d'été.

Habitat : sols modérément humides à bien drainés.

Distribution : zone de la forêt feuillue, surtout domaines des érablières à caryer et à tilleul; Mont-Saint-Pierre.

Utilisation : articles de sport, ébénisterie, manches d'outils, tournage, tonnellerie, planchers, traverses de chemin de fer.

A

B

C

D

FIGURE 39

A Feuille

B **C** Écorce à texture de liège, tendre

D Tronc (diam. 33 cm) **E** Rameau

F Samare

G Touffes de poils sur le côté inférieur à la base des folioles

E 0 1 cm

F 0 1 cm

G 0 1 cm

Fraxinus nigra Marsh.

FRÊNE NOIR (frêne gras)

Arbre : (haut. 13-19 m); tronc long, généralement droit; branches peu ramifiées; cime étroite et claire.

Écorce : grise; crêtes à texture de liège, tendres, se détachent en frottant légèrement; devenant écailleuse chez les vieux sujets.

Rameau : très gros, glabre, gris pâle; bourgeon presque noir; bourgeon terminal séparé des latéraux, plus gros et aigu.

Feuille : opposée, composée; 7-11 folioles, sessiles, lancéolées, acuminées, finement dentées; dessus vert foncé glabre, dessous plus pâle; touffes de poils à la base des nervures.

Fruit : samare oblongue, en grappe; aile entourant la graine, parfois torse; mûr à la fin de l'été.

Habitat : sols humides à mal drainés; bords de tourbières, rives, alluvions.

Distribution : zones au sud du domaine de la pessière à épinette noire; aussi sur l'île d'Anticosti.

Utilisation : articles de sport, ébénisterie, manches d'outils, tournage, tonnellerie, planchers, traverses de chemin de fer.

FRÊNE DE PENNSYLVANIE

A 0 4 cm

B 0 1 cm

C

D

E

FIGURE **40**

A	Feuille
B	Samares
C D E	Troncs (diam. 5-12-30 cm)
F	Rameau d'hiver

F 0 1 cm

Fraxinus pennsylvanica Marsh.

FRÊNE DE PENNSYLVANIE (frêne rouge)

Arbre : (haut. 10-15 m); tronc court, souvent penché; branches grêles, ascendantes, en forme de S.

Écorce : brun grisâtre, rugueuse; fissures peu profondes, côtes dures, étroites et entrecroisées.

Rameau : assez gros; bourgeon terminal pubescent, brun rougeâtre, sommet aplati; bourgeon latéral au même niveau que le bourgeon terminal.

Feuille : opposée, composée; 7-9 folioles, à pétiole court, bord ondulé, à peine dentées, lancéolées, aiguës; dessus vert jaunâtre, dessous plus pâle, duveteux.

Fruit : samare étroite, en grappe; aile partant du milieu de la graine, bout échancré; formé en juin, persiste jusqu'à l'automne.

Habitat : généralement sur les alluvions des cours d'eau; sols humides.

Distribution : zone de la forêt feuillue, vallée du Saguenay et région du Lac-Saint-Jean.

Utilisation : articles de sport, ébénisterie, manches d'outils, tournage, tonnellerie, planchers, traverses de chemin de fer.

LES ESPÈCES LIGNEUSES NON COMMERCIALES

A 0 4 cm

B 0 1 cm

C

D

FIGURE **41**

A Feuilles d'espèces différentes

B Rameau floral et rameau d'hiver

C **D** Troncs (diam. 5 cm et 45 cm)

Salix sp.

SAULE

Arbre, arbuste, ou arbrisseau : de toutes tailles, peut atteindre 30 m, parfois rampant.

Écorce : souvent marquée de sillons, brune, devenant profondément crevassée, à côtes épaisses et longitudinales.

Rameau : parfois très coloré; bourgeon latéral seulement, long, mince, pointu ou obtus et pressé contre le rameau; bourgeon floral souvent plus gros.

Feuille : alterne, simple, entière ou finement dentée, étroite à largement elliptique, à pétiole plus ou moins long; munie d'un stipule quelquefois persistant; dessus vert, dessous plus pâle, glabre à pubescent.

Fleur : portée sur un chaton pendant; floraison printanière.

Distribution : générale.

A 0 4 cm

B 0 1 cm

C

D

FIGURE **42**

A Feuille

B Disamare

C **D** Troncs (diam. 20 cm et 7 cm)

E Rameau d'hiver

E 0 1 cm

Acer negundo L.

ÉRABLE NÉGONDO (érable à Giguère)

Arbre : (haut. 12-15 m); tronc court, ramifié près du sol; branches étalées, plutôt torses; cime asymétrique.

Écorce : brun pâle, lisse, puis plus foncée; sillons étroits, peu profonds; crêtes fermes, aplaties.

Rameau : vert clair à rouge foncé, souvent recouvert d'une poudre blanchâtre; bourgeon obtus, écailles recouvertes d'une fine pubescence blanche.

Feuille : opposée, composée; 3-7 folioles, lobées peu profondément ou grossièrement dentées, acuminées; dessus vert clair, dessous vert grisâtre.

Fruit : disamare, double, à ailes (long. 3,8-5,0 cm) formant un angle de 60°; graine allongée; mûr en automne.

Habitat : terrains perturbés, riches et humides; rives.

Distribution : introduit au Québec; domaines des érablières à caryer et à tilleul.

FIGURE 43

ÉRABLE DE PENNSYLVANIE

A	Feuilles	C	Rameau d'hiver
B	Tronc		

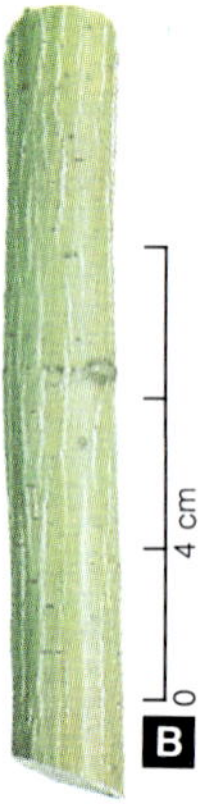

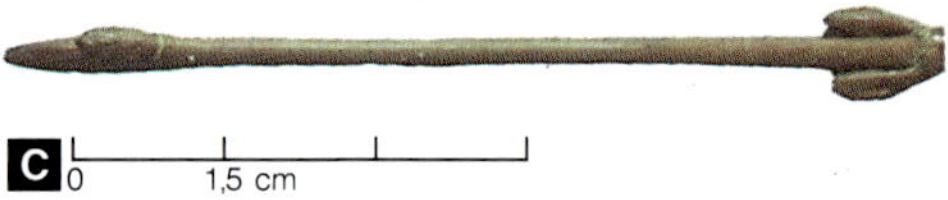

Acer pensylvanicum L.

ÉRABLE DE PENNSYLVANIE (bois d'orignal, bois barré)

Arbre ou arbuste : (haut. 2,5-10,0 m); tronc court.

Écorce : mince, lisse, verte ou brun verdâtre; rayures longitudinales blanchâtres devenant plus foncées avec l'âge.

Rameau : lisse, brun rougeâtre, luisant, glabre; bourgeon latéral pédonculé; bourgeon terminal semblable.

Feuille : opposée, simple, grande; à trois lobes, finement dentés, acuminés.

Fruit : disamare, ailes très écartées (long. 2,2 cm), en longues grappes; mûr en automne.

Habitat : érablières, sols riches, moyennement drainés.

Distribution : zone de la forêt feuillue; en Gaspésie, dans la vallée du Saguenay et dans l'île d'Anticosti.

FIGURE 44

ÉRABLE À ÉPIS

A Feuilles avec grappe de fleurs au début de la floraison

B Tronc

C Rameau d'hiver

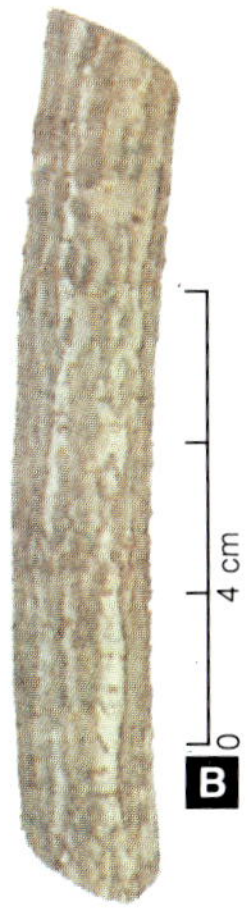

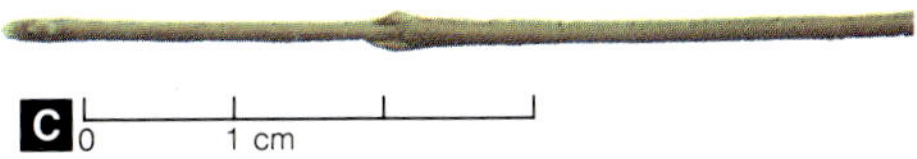

Acer spicatum Lam.
ÉRABLE À ÉPIS (plaine bâtarde)

Arbuste ou arbrisseau : dépasse rarement 8 m; tronc torse et penché.

Écorce : mince, brun grisâtre, marquée de petites lenticelles.

Rameau : grêle, brun rougeâtre, pubescent; bourgeon pédonculé.

Feuille : légèrement plus longue que large, trilobée, quelquefois cinq lobes, sinus aigu; dents irrégulières; dessus vert jaunâtre, dessous plus pâle, pubescent.

Fruit : disamare (long. 1,5 cm) formant un angle de 90°; mûr en automne.

Habitat : préfère les terrains montueux, rocailleux, plutôt frais.

Distribution : générale, jusqu'à la latitude du lac Mistassini.

FIGURE **45**

DIRCA DES MARAIS

A Feuilles

B Rameau

A 0 4 cm

B 0 0,5 cm

Dirca palustris L.

DIRCA DES MARAIS (bois de plomb)

Arbuste : (haut. 0,6-2,0 m); touffu, rameau d'apparence télescopique.

Feuille : alterne, ovale, entière; pubescente au début; pétiole court.

Fleur : par groupe de 2-4, aux nœuds des rameaux de l'année précédente; floraison printanière.

Fruit : drupe rouge, ovoïde.

Habitat : bois riches.

Distribution : zone de la forêt feuillue, surtout dans les domaines des érablières à caryer et à tilleul.

FIGURE **46**

SHÉPHERDIE DU CANADA : feuilles et fruits

0 5 cm

Shepherdia canadensis (L.) Nutt.

SHÉPHERDIE DU CANADA

Arbrisseau : (haut. 1,0-2,5 m); argenté ou rousselé, à pubescence étoilée.

Feuille : opposée, entière, verte supérieurement, argentée inférieurement.

Fleur : en épi ou faisceau, situé dans les aisselles; floraison printanière.

Fruit : drupe rouge, nauséabonde.

Habitat : lieux ouverts et secs; rivages; falaises, milieux calcaires.

Distribution : générale mais plutôt rare; fréquente en Gaspésie et dans la région d'Ottawa, jusque dans l'Ungava.

FIGURE **47**

HOUX VERTICILLÉ: rameau avec feuilles, fruits immatures, tronc

Ilex verticillata (L.) A. Gray

HOUX VERTICILLÉ

Arbrisseau ou arbuste: (haut. 2-8 m).

Feuille: ovale ou lancéolée, acuminée, dentée, pétiolée.

Fleur: blanche, en cyme, à l'aisselle des feuilles; floraison printanière.

Fruit: drupe rouge vif, paraissant verticillée.

Habitat: lieux humides; bois, rives, marécages.

Distribution: zones des forêts feuillue et mélangée; rare à l'est de Rimouski.

FIGURE **48**

NÉMOPANTHE MUCRONÉ: rameau avec feuilles, fruits, tronc

Nemopanthus mucronatus (L.) Trel.

NÉMOPANTHE MUCRONÉ (faux houx)

Arbrisseau: (haut. 2-5 m); écorce lisse, verdâtre.

Feuille: elliptique ou obovée, mince, légèrement dentée.

Fleur: solitaire ou par 2-4, à l'aisselle des feuilles; pédoncule grêle; floraison printanière.

Fruit: drupe rouge.

Habitat: lieux humides; bois, rives, tourbières.

Distribution: générale, jusqu'à la latitude du lac Mistassini.

FIGURE **49**

CÉLASTRE GRIMPANT: tige volubile, feuilles et fruits

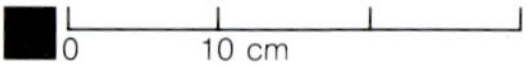

Celastrus scandens L.

CÉLASTRE GRIMPANT (bourreau des arbres)

Arbuste: (haut. 8-10 m); tige volubile.

Feuille: alterne, mais apparemment opposée, ovée ou obovée, glabre.

Fleur: verdâtre, en grappe terminale composée; floraison estivale.

Fruit: capsule jaune ou orangée, ouverte à l'automne; graines rouges.

Habitat: bois riches; taillis, bords de rivières.

Distribution: domaines des érablières à caryer et à tilleul; le long du fleuve jusqu'à Québec.

FIGURE **50**

AULNE CRISPÉ : rameau, feuilles, fruits, tronc

Alnus crispa (Ait.) Pursh var. *mollis* Fern.

AULNE CRISPÉ

Arbuste : (haut. 1-3 m); rameau pubescent; écorce mince, lisse, brun grisâtre; lenticelles courtes, épaisses.

Feuille : ovale, presque ronde; nombreuses dents fines, régulières; dessus vert mat, dessous pubescent.

Fleur : chaton mâle pendant; floraison printanière.

Fruit : nucule, dans un cône ovoïde.

Habitat : lieux plutôt secs; taillis, flancs de montagnes.

Distribution : générale; très nordique, atteint l'Ungava, peu fréquent dans la zone de la forêt feuillue.

FIGURE **51**

AULNE RUGUEUX

A Feuille et cône

B Tronc

A

B

Alnus rugosa (Du Roi) Spreng. var. *americana* (Regel) Fern.

AULNE RUGUEUX (verne, vergne)

Arbrisseau ou arbre : peut atteindre 6 m; croît en touffes, tronc tordu, courbé à la base; écorce lisse, brun rougeâtre; nombreuses lenticelles horizontales, étroites, orangées.

Feuille : ovée, aiguë, doublement dentée; dessus vert foncé, ridé, dessous blanchâtre, plus ou moins pubescent sur les nervures.

Fleur : le chaton mâle apparaît avant les feuilles.

Fruit : nucule, dans un cône ovoïde.

Habitat : lieux humides; rives, tourbières, taillis.

Distribution : générale, jusqu'au 55° de latitude.

FIGURE **52**

BOULEAU GLANDULEUX

A Rameau, feuilles et fruits

B Partie basse du tronc

Betula glandulosa Michx.

BOULEAU GLANDULEUX

Arbrisseau : peut atteindre 2 m; souvent déprimé; écorce brun jaunâtre.

Rameau : grisâtre; à glandes nombreuses, verruqueuses, résineuses.

Feuille : vert foncé, luisante, épaisse, glabre; dents arrondies ou bord crénelé.

Fruit : nucule, dans un cône (long. 1 cm).

Habitat : généralement dans les lieux ouverts et secs, plus varié vers le nord.

Distribution : générale, très nordique, très abondante au nord du 52° de latitude.

FIGURE 53

BOULEAU NAIN

A Rameau, feuilles et cônes

B Feuilles et rameau légèrement glanduleux

Betula pumila L.

BOULEAU NAIN

Arbrisseau : (haut. 1-3 m); dressé; rameau pubescent, muni de longs poils fins.

Feuille : obovée ou réniforme; dents de différentes formes; souvent crénelée; dessus vert mat, soyeux, dessous pâle.

Fruit : nucule dans un cône cylindrique (long. 2 cm).

Habitat : tourbières; rivages tourbeux.

Distribution : générale, atteint le 56° de latitude.

FIGURE **54**

CHARME DE CAROLINE

A Feuilles et tronc

B Rameau d'hiver

Carpinus caroliniana Walt.

CHARME DE CAROLINE (bois de fer)

Arbre ou arbuste : peut atteindre 12 m; tronc très tordu; crêtes longitudinales, saillantes; écorce mince, lisse, grise.

Feuille : alterne, simple, ovée, aiguë; dents doubles, fines, pointues; dessus vert bleuâtre, dessous un peu plus pâle.

Fleur : en chaton; floraison printanière.

Fruit : nucule; à la base d'une bractée foliacée, trilobée, dentée.

Rameau : grêle, bourgeon un peu pubescent, serré contre le rameau.

Habitat : bois riches et taillis humides.

Distribution : domaines des érablières à caryer et à tilleul jusqu'à Sainte-Anne-de-la-Pérade.

FIGURE 55

MICOCOULIER OCCIDENTAL

Celtis occidentalis L.

MICOCOULIER OCCIDENTAL (bois inconnu)

Arbre ou arbuste : peut atteindre 40 m, généralement plus petit; port semblable à l'orme d'Amérique.

Écorce : brun grisâtre, crêtes étroites devenant épaisses par endroits.

Rameau : grêle, vert ou teinté de brun; moelle cloisonnée; bourgeons sur deux rangs, à deux rangées d'écailles; bourgeon terminal petit et incliné.

Feuille : alterne, simple, aiguë ou acuminée au sommet, base asymétrique; dents simples sauf à la base; dessus lisse ou rugueux, dessous plus pâle et pubescent sur les nervures.

Fruit : drupe isolée, pourpre à noire, globuleuse, à long pédoncule, persiste souvent sur l'arbre tout l'hiver.

Habitat : bois et taillis riches et humides; pentes rocheuses; rivages.

Distribution : domaine de l'érablière à caryer; le long du fleuve jusqu'à Bécancour.

Utilisation : bois sans importance commerciale; utilisé comme arbre d'ornement.

FIGURE 56

A NOISETIER À LONG BEC

B AUBÉPINE

A 0 2,5 cm

B 0 3 cm

Corylus cornuta Marsh.

NOISETIER À LONG BEC (noisetier, coudrier)

Arbrisseau ou arbuste : ne dépasse pas 3 m; tige très flexible.

Feuille : simple, alterne, mince, ovale, acuminée; nombreuses dents en scie, aiguës.

Fleur : chaton; floraison très printanière.

Fruit : noix arrondie recouverte d'une enveloppe pubescente, épineuse, prolongée en un bec deux fois plus long que la noix.

Habitat : bois et taillis; milieux ouverts; bords de cours d'eau.

Distribution : zones des forêts feuillue, mélangée et boréale jusqu'à la latitude de Chibougamau.

Crataegus sp.

AUBÉPINE (cenellier, senellier)

Arbrisseau : (haut. 2-10 m); tronc court; écorce écailleuse, se détache en lamelles; rameau en zigzag, muni de fortes épines.

Feuille : simple, alterne, grossièrement dentée ou lobée.

Fleur : blanche, à cinq pétales en corymbe.

Fruit : drupe globuleuse de couleur vive, semblable à une petite pomme.

Distribution : atteint le domaine de la sapinière à bouleau blanc.

FIGURE 57

CERISIER DE PENNSYLVANIE

A Rameau d'hiver

B Feuilles et fruits

C Tronc (diam. 14 cm)

A 0 1 cm

B 0 4 cm

C

Prunus pensylvanica L.f.

CERISIER DE PENNSYLVANIE (petit merisier)

Arbre : (haut. 3-8 m) peut atteindre 15 m; tronc droit, branches ascendantes; écorce lisse, brun rougeâtre foncé, marquée de lenticelles horizontales saillantes, orangées; intolérant à l'ombre.

Rameau : très grêle, luisant, rougeâtre; bourgeon petit, arrondi.

Feuille : simple, alterne, mince, lancéolée, acuminée, finement dentée, luisante, vert jaunâtre.

Fruit : drupe (diam. 4-6 mm), rouge vif; long pédoncule.

Habitat : lieux ouverts, espèce pionnière; terrains perturbés, brûlis.

Distribution : générale, atteint le 56° de latitude.

FIGURE **58**

CERISIER DE VIRGINIE

A Feuilles, aspect du dessus et du dessous

B Tronc

C Rameau d'hiver

Prunus virginiana L.

CERISIER DE VIRGINIE (cerisier à grappes)

Arbuste : (haut. 3-4 m); tronc grêle, tordu, penché; écorce mince, lisse, brun grisâtre, devenant légèrement écailleuse.

Rameau : brun grisâtre, lisse; bourgeon pointu, brun châtain.

Feuille : alterne, simple, mince, ovée, étroite à la base, acuminée, finement dentée; dessus vert mat, dessous pâle.

Fleur : blanche, en grappe touffue de forme cylindrique.

Fruit : drupe (diam. 6-12 mm) rouge foncé à noire, astringente.

Habitat : sols moyennement drainés, bois; bordures de forêts et de cours d'eau.

Distribution : zones des forêts feuillue, mélangée et boréale, de l'île d'Anticosti à la rivière Rupert.

FIGURE **59**

Amelanchier laevis Wieg.

A Feuilles typiques de l'amélanchier avec fruits jeunes

B Tronc (diam. 15 cm)

A

B

Amelanchier sp.

AMÉLANCHIER (petites poires)

Arbre, arbuste ou arbrisseau : (haut. 2-13 m); tronc torse; écorce mince, lisse, grisâtre, marquée de bandes brunes verticales, rugueuse à maturité.

Feuille : simple, alterne, ovale, elliptique ou cordiforme, sommet pointu ou arrondi à dents aiguës; rarement plus de 8 cm de longueur.

Fruit : baie, pourpre foncé, calice persistant au sommet.

Distribution : générale.

FIGURE **60**

A **SORBIER D'AMÉRIQUE :** feuilles et rameau fruitier

B **SORBIER DES MONTAGNES :** feuille et rameau fruitier

C Tronc (diam. 15 cm)

A

B 0 15 cm

C

Sorbus americana Marsh.

SORBIER D'AMÉRIQUE (cormier, maskouabina)

Arbre : (haut. 5-10 m); tronc lisse; écorce brun rougeâtre ou vert grisâtre, marquée de lenticelles saillantes, puis devenant un peu écailleuse, s'exfolie avec l'âge.

Feuille : alterne, composée; 13-15 folioles, lancéolées, acuminées, denticulées.

Fleur : blanche, en cyme large et aplatie; floraison printanière.

Fruit : baie globuleuse (diam. 10 mm), rouge; comestible; persistant tout l'hiver.

Habitat : varié; lieux frais ou rocheux.

Distribution : générale; plus abondante dans la zone de la forêt boréale.

Sorbus decora (Sarg.) Schneid.

SORBIER DES MONTAGNES (cormier)

Caractères distinctifs:

Fruit : un peu plus gros (diam. 10 mm).

Feuille : folioles ovales à oblongues, à pointe courte, brusquement rétrécies.

Habitat : lieux humides, ouverts.

Distribution : plus nordique que l'espèce précédente, atteint l'Ungava.

*(**Note :** Sorbus aucuparia* L. *est introduit d'Eurasie et échappé de culture.)*

FIGURE 61

A ARONIA NOIR

B SPIRÉE À LARGES FEUILLES

Aronia melanocarpa (Michx.) Ell.
ARONIA NOIR (gueules noires)
Arbrisseau : (haut. 1-2 m).
Feuille : alterne, simple, épaisse, luisante, finement dentée, obtuse ou acuminée; dessus vert foncé, dessous plus pâle.
Fleur : blanche, en cyme composée; floraison printanière.
Fruit : baie globuleuse, presque noire, sommet marqué d'une dépression en forme de croix.
Habitat : généralement dans les lieux humides et ouverts; tourbières, fossés.
Distribution : générale, atteint le 53° de latitude.

*(**Note :** syn. Pyrus melanocarpa* (Michx.) Willd.*)*

Spiraea latifolia (Ait.) Borkh.
SPIRÉE À LARGES FEUILLES (thé du Canada)
Arbrisseau : (haut. 1-2 m); tige ligneuse, droite, glabre.
Feuille : alterne, simple, oblongue, dentée; dessus vert foncé, dessous plus pâle et glabre.
Fleur : blanche ou rosée, en cyme paniculée; floraison printanière.
Habitat : sols humides ou secs; friches, rives, platières de rivières.
Distribution : générale, jusqu'au 53° de latitude.

FIGURE 62

A RONCE PETIT-MÛRIER

B RONCE PUBESCENTE

Rubus chamaemorus L.

RONCE PETIT-MÛRIER (chicoutés)

Tige: rhizome rampant, rameau aérien (long. 10-30 cm).

Feuille: 1-3; réniforme; 3-7 lobes arrondis; dentée.

Fleur: solitaire, terminale, grosse, blanche; floraison estivale.

Fruit: ensemble de petites drupes, rouge orangé, devenant translucide.

Habitat: préfère les lieux humides; forêts de conifères, tourbières.

Distribution: zones des forêts mélangée et boréale jusqu'à l'extrême nord.

Rubus pubescens Raf.

RONCE PUBESCENTE (catherinettes)

Tige: rampante (long. 1-2 m) dépourvue d'épines.

Feuille: 3, rarement 5 folioles, oblongues, dentées; dessous pubescent.

Fleur: blanche, long pédoncule; floraison printanière.

Fruit: ensemble de petites drupes rouges à saveur agréable.

Habitat: préfère les lieux plutôt humides et frais; bois, rives.

Distribution: générale, jusqu'au 57° de latitude, abondante dans la zone de la forêt feuillue.

FIGURE **63**

A **RONCE DU MONT IDA**

B **RONCE ODORANTE**

A 0 4 cm

B 0 8 cm

Rubus idaeus L.

RONCE DU MONT IDA (framboisier)

Arbrisseau : tige (haut. 100-150 cm) dressée, armée de faibles épines.

Feuille : pousse nouvelle à 5 folioles; rameau florifère à 3 folioles rugueuses, dentées, lancéolées.

Fleur : terminale; pétales blancs, plus courts que les sépales; floraison estivale.

Fruit : ensemble de petites drupes (framboise) rouges et sucrées.

Habitat : lieux ouverts; terrains perturbés.

Distribution : générale.

Rubus odoratus L.

RONCE ODORANTE (framboisier sauvage)

Arbuste : (haut. 1,0-1,5 m); tige poilue, dépourvue d'aiguillons.

Feuille : simple, grande, dentée, à 5 lobes rappelant la feuille de l'érable (larg. 10-15 cm).

Fleur : rose, grande (diam. 3-5 cm), brillante; floraison estivale.

Fruit : ensemble de petites drupes ressemblant à une framboise aplatie.

Habitat : lieux rocheux et secs; bordures de forêts, de cours d'eau ou de chemins.

Distribution : domaines des érablières à caryer et à tilleul, persiste localement dans le domaine de l'érablière à bouleau jaune.

GADELLIER AMER

0 4 cm

Ribes triste Pallas

GADELLIER AMER

Arbrisseau: (long. 50-100 cm, plus ou moins); rampant, non épineux.
Feuille: large, légèrement cordée; lobe triangulaire, denté.
Fleur: rouge, pédicelle glanduleux; floraison printanière.
Fruit: baie rouge, lisse, petite (diam. 6-8 mm).
Habitat: généralement dans les lieux humides et frais; lieux ouverts, bois.
Distribution: générale, nordique, jusqu'à l'Ungava.

FIGURE **65**

A **GADELLIER GLANDULEUX**

B **GADELLIER LACUSTRE**

Ribes glandulosum Grauer

GADELLIER GLANDULEUX

Arbrisseau : (haut. 60-100 cm); non épineux, branches plus ou moins couchées.

Feuille : aussi large que longue, dentée, odeur fétide; 5-7 lobes profonds, obtus.

Fleur : rose, en forme de cloche; floraison printanière.

Fruit : baie rouge, munie de piquants glanduleux.

Habitat : souvent dans les lieux humides; bois, tourbières; rivages rocheux; bûchés récents.

Distribution : générale, très nordique, abondante surtout au nord.

Ribes lacustre (Pers.) Poir.

GADELLIER LACUSTRE

Arbrisseau : (haut. 100-150 cm); branches fortement épineuses.

Feuille : aussi large que longue, mince; 5-7 lobes fortement découpés, sinus très profonds.

Fleur : verte ou rougeâtre; floraison printanière.

Fruit : baie noirâtre à maturité, couverte de piquants mous et glanduleux.

Habitat : généralement dans les lieux humides et frais; taillis, rives.

Distribution : générale, atteint le 56° de latitude.

FIGURE **66**

A CORNOUILLER STOLONIFÈRE

B CORNOUILLER À FEUILLES ALTERNES

Cornus stolonifera Michx.

CORNOUILLER STOLONIFÈRE (hart rouge)

Arbrisseau: (haut. 1-3 m); tige grêle, rougeâtre.

Feuille: opposée, entière, ovée, acuminée, pétiole court (2 cm).

Fleur: en cyme aplatie; floraison printanière.

Fruit: drupe globuleuse, blanche ou bleuâtre.

Habitat: lieux plutôt humides; bois, taillis, champs.

Distribution: générale, nordique jusqu'au 54° de latitude.

Cornus alternifolia L.f.

CORNOUILLER À FEUILLES ALTERNES

Arbuste ou arbre: pouvant atteindre 10 m; rameau court.

Feuille: alterne, entière, rebord ondulé, ovale, acuminée, long pétiole, (6 cm) se rassemblant à l'extrémité des branches.

Fleur: en cyme pubescente; floraison printanière.

Fruit: drupe bleu foncé; pédoncule rouge.

Habitat: bois riches, taillis.

Distribution: zones des forêts feuillue et mélangée; aussi sur l'île d'Anticosti.

FIGURE 67

A **NERPRUN À FEUILLES D'AULNE**

B **APOCYN À FEUILLES D'ANDROSÈME**

Rhamnus alnifolia L'Hér.

NERPRUN À FEUILLES D'AULNE

Arbrisseau: (haut. 30-100 cm); branches sans épines; rameau gris.

Feuille: simple, alterne, ovale, lancéolée, pétiolée, irrégulièrement crénelée-dentée.

Fleur: verdâtre, solitaire ou par groupe de 2-3, dans les aisselles; floraison printanière.

Fruit: drupe noire (diam. 6 mm).

Habitat: lieux humides; pessières, tourbières, rives.

Distribution: générale, jusqu'au 53° de latitude.

Apocynum androsaemifolium L.

APOCYN À FEUILLES D'ANDROSÈME (herbe à la puce)

Tige: (haut. 30-120 cm); branches étalées, naissant à l'aisselle des feuilles.

Feuille: opposée, simple, entière, ovale, pointue.

Fleur: rose, en forme de cloche; floraison estivale.

Habitat: lieux ouverts, incultes; préfère les sols secs; rivages, champs, bords de routes.

Distribution: zones des forêts feuillue et mélangée, à l'ouest, jusqu'aux environs du lac Mistassini.

*(**Note:** cette plante peut avoir une action nocive sur la peau à son contact, mais moins grave que le sumac grimpant, p. 127.)*

FIGURE **68**

A SUMAC GRIMPANT

B SUMAC VINAIGRIER: feuille, fleurs et tronc

Rhus radicans L.

SUMAC GRIMPANT (herbe à la puce)

Tige: (long. 30-40 cm); dressée et buissonnante ou longuement grimpante.

Feuille: alterne, composée, pétiolée; 3 folioles, entières, à dents irrégulières,. paraissant lobées.

Fleur: verdâtre, en panicule, à l'aisselle des feuilles.

Fruit: petite drupe, glabre, blanche.

Habitat: généralement dans les lieux ouverts; falaises.

Distribution: zones des forêts feuillue et mélangée; abondant dans la vallée du Saint-Laurent.

*(**Note:** cette plante est très vénéneuse, un grand nombre de gens sont allergiques à son contact.)*

Rhus typhina L.

SUMAC VINAIGRIER (vinaigrier)

Arbuste: peut atteindre 5 m; rameau fortement pubescent, velouté.

Feuille: alterne, composée; 11-31 folioles, pennées, allongées, dentées, aiguës; pétiole pubescent.

Fleur: nombreuses; jaune, en panicule terminale.

Fruit: gros cône composé de petits fruits serrés, couverts d'une pubescence rouge; persistant tout l'hiver.

Habitat: milieux ouverts, souvent rocheux et secs.

Distribution: zone de la forêt feuillue; aussi au Saguenay et au Lac-Saint-Jean.

FIGURE 69

SUREAU PUBESCENT: feuilles avec fleurs et coupe dans la tige

Sambucus pubens Michx.

SUREAU PUBESCENT (sureau rouge)

Arbrisseau: (haut. 1-4 m); croît souvent en touffes; tige fortement ligneuse; cœur formé d'une moelle tendre de teinte orangée.

Rameau: gros; bourgeon floral gonflé, à écailles violassées.

Feuille: opposée, composée; 3-7 folioles, pétiolées, ovales, acuminées; dents aiguës, irrégulières.

Fleur: en cyme pyramidale composée; floraison très printanière.

Fruit: baie globuleuse, rouge; mûr en juin.

Habitat: bois, taillis, clairières.

Distribution: zones des forêts feuillue, mélangée et boréale, jusqu'à la latitude du lac Mistassini.

FIGURE **70**

SUREAU DU CANADA: feuilles et inflorescence

Sambucus canadensis L.

SUREAU DU CANADA (sureau blanc)

Arbrisseau: (haut. 1-2 m); tige faiblement ligneuse; cœur rempli de moelle blanche.

Feuille: opposée, composée; généralement 7 folioles (parfois 5-11), pétiolées, elliptiques, lancéolées, dentées.

Fleur: en cyme composée et aplatie; floraison estivale.

Fruit: baie noire.

Habitat: lieux humides; sols riches; bois, taillis.

Distribution: zone de la forêt feuillue.

FIGURE 71

A **VIORNE À FEUILLES D'AULNE**

B **VIORNE COMESTIBLE**

A 0 6 cm

B 0 4 cm

Viburnum alnifolium Marsh.

VIORNE À FEUILLES D'AULNE (bois d'orignal)

Arbrisseau : (long. 1-4 m); écorce lisse, rouge; branches penchées, souvent rampantes.

Feuille : opposée, très grande, ronde, pointue, cordée, dentée.

Fleur : en cyme composée; petites au centre, grandes et stériles en couronne; floraison très printanière.

Fruit : drupe rouge.

Habitat : lieux montueux et frais, fréquente dans les érablières à bouleau jaune.

Distribution : zone de la forêt feuillue, aussi dans le Témiscouata.

Viburnum edule (Michx.) Raf.

VIORNE COMESTIBLE (pimbina)

Arbrisseau : (haut. 1-2 m); penché.

Feuille : opposée, épaisse; 3 lobes peu profonds; dents inégales.

Fleur : en cyme composée; toutes semblables, petites; floraison printanière.

Fruit : drupe rouge, peu abondant.

Habitat : forêts résineuses, taillis, lieux humides; bords de cours d'eau et de tourbières; rochers exposés.

Distribution : nordique jusqu'à l'Ungava, moins fréquente dans la zone de la forêt feuillue.

FIGURE 72

A VIORNE TRILOBÉE

B VIORNE CASSINOÏDE

Viburnum trilobum Marsh.

VIORNE TRILOBÉE (pimbina)

Arbuste: (haut. 2-4 m).

Feuille: opposée; 3 lobes étroits, aigus; grosses dents irrégulières; pétiole long.

Fleur: semblable à la viorne à feuilles d'aulne; floraison printanière.

Fruit: drupe rouge vif.

Habitat: bois humides, taillis, bords de rivières, falaises.

Distribution: surtout dans les basses-terres du Saint-Laurent; en Gaspésie; au Lac Saint-Jean; sur l'Ile d'Anticosti; en Abitibi.

Viburnum cassinoides L.

VIORNE CASSINOÏDE

Arbuste: (haut. 1-4 m); branches ascendantes.

Feuille: opposée, épaisse, ovale, acuminée, amincie à la base; dents fines.

Fleur: en cyme composée, nettement pédonculée, petite; floraison printanière.

Fruit: drupe rouge, devenant bleu foncé.

Habitat: abondante dans les milieux humides et tourbeux.

Distribution: générale, jusqu'à la latitude de Chibougamau.

FIGURE 73

A DIÈREVILLE CHÈVREFEUILLE

B CHÈVREFEUILLE DU CANADA

A 0 5 cm **B** 0 6 cm

Diervilla lonicera Mill.

DIÈREVILLE CHÈVREFEUILLE (herbe bleue)

Arbrisseau : (haut. 60-120 cm).

Feuille : opposée, courtement pétiolée, ovale, acuminée, dentée.

Fleur : jaune, portée sur un pédoncule terminal ou logée dans les aisselles supérieures; calice à tube allongé; floraison printanière.

Fruit : capsule déhiscente.

Habitat : bois rocheux, terrains perturbés, bords de rivières, de routes.

Distribution : générale, jusqu'au lac Mistassini.

Lonicera canadensis Bartr. ex Marsh.

CHÈVREFEUILLE DU CANADA

Arbrisseau : tige (haut. 100-150 cm) longue, grêle.

Feuille : opposée, courtement pédonculée, mince, entière, ovée bord fortement cilié.

Fleur : jumelle, vert jaunâtre, long pédoncule à l'aisselle des feuilles; floraison très printanière.

Fruit : en forme de baie, rouge à maturité.

Habitat : bois frais, bords de cours d'eau.

Distribution : zones des forêts feuillue et mélangée, Côte-Nord.

FIGURE **74**

A **COMPTONIE VOYAGEUSE**

B **MYRIQUE BAUMIER :** rameau fructifère

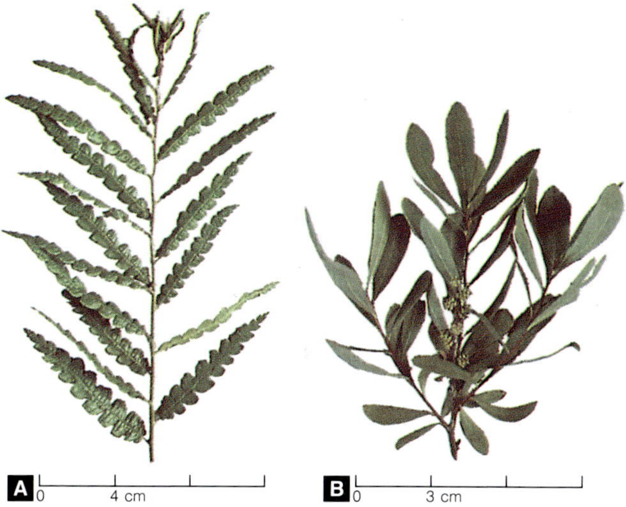

Comptonia peregrina (L.) Coulter
COMPTONIE VOYAGEUSE

Arbrisseau : (haut. 30-60 cm); très ramifié, odorant.

Feuille : alterne, rapprochée, longue, étroite; lobes nombreux.

Fleur : chaton souple, paraissant en même temps que les feuilles; le chaton mâle à l'extrémité des branches, le pistillé épineux à maturité.

Habitat : lieux sablonneux, ouverts après feux.

Distribution : au nord du Saint-Laurent jusqu'au 49° de latitude; présente au sud de Montréal.

Myrica gale L.
MYRIQUE BAUMIER (bois-sent-bon)

Arbrisseau : (haut. 1 m); odeur agréable.

Feuille : alterne, en forme de lance renversée, dentée au sommet; dessus vert foncé, dessous pâle.

Fleur : chaton; floraison printanière.

Fruit : drupe résineuse, réuni en épi, alterne, sur une tige dressée.

Habitat : lieux humides et ouverts; tourbières, rives.

Distribution : générale, très nordique, jusqu'à l'Ungava.

FIGURE 75

A **CAMARINE NOIRE :** rameau fructifère

B **CHAMÉDAPHNÉ CALICULÉ :** feuilles et fleurs

A 0 2 cm

B 0 2 cm

Empetrum nigrum L.

CAMARINE NOIRE (graines noires)

Arbrisseau : couché, très ramifié; glanduleux sur les petits rameaux et à la marge des feuilles nouvelles.

Feuille : persistante, petite, étroite, bout arrondi, verticillée; la feuille adulte divergente, vite fléchie.

Fruit : drupe noire.

Habitat : généralement dans les lieux ouverts et secs; dunes, rochers exposés.

Distribution : à l'est de l'île d'Orléans; en bordure du golfe du Saint-Laurent; très nordique, jusqu'à l'extrême nord.

Chamaedaphne calyculata (L.) Moench

CHAMÉDAPHNÉ CALICULÉ (Cassandre calyculé ou faux-bleuets)

Arbuste : tige (haut. 10-150 cm); dressé, asymétrique.

Feuille : alterne, coriace, pétiolée, ovale, presque entière; dessus vert foncé, légèrement bombé, dessous pâle.

Fleur : en grappe, unilatérale, feuillée; floraison très printanière.

Fruit : capsule (diam. 3-4 mm).

Habitat : généralement dans les lieux humides; tourbières, rivages.

Distribution : générale, nordique, jusqu'à l'Ungava.

*(**Note :** syn. Cassandra calyculata (L.) D. Don.)*

FIGURE **76**

A **LÉDON DU GROENLAND:** rameau fructifère

B **RHODODENDRON DU CANADA:** avec feuilles et fruits

Ledum groenlandicum Oeder
LÉDON DU GROENLAND (thé du Labrador)

Arbrisseau : (haut. 30-120 cm); rameau à pubescence cotonneuse.

Feuille : alterne, persistante, ovale, obtuse, bord fortement enroulé; dessus vert jaunâtre, dessous très pubescent, brun orangé.

Fleur : en ombelle, terminale, blanche; floraison printanière.

Fruit : petite capsule, longuement pédonculée.

Habitat : surtout dans des milieux humides; tourbières; plus varié vers le nord.

Distribution : générale, très nordique, jusqu'à l'Ungava.

Rhododendron canadense (L.) Torr.
RHODODENDRON DU CANADA (rhodora)

Arbrisseau : (haut. 50-100 cm); rameau raide.

Feuille : alterne, oblongue, ovale, obtuse, courtement pétiolée, bord légèrement enroulé; dessus vert, dessous pâle, soyeux.

Fleur : rose foncé, en masse serrée; floraison avant l'apparition des feuilles.

Habitat : lieux humides; tourbières; bois tourbeux ou sablonneux.

Distribution : zone de la forêt feuillue; aussi en Gaspésie et sur la Côte-Nord.

FIGURE 77

A **KALMIA À FEUILLES ÉTROITES**

B **ANDROMÈDE GLAUQUE**

Kalmia angustifolia L.

KALMIA À FEUILLES ÉTROITES (crevard de moutons)

Arbrisseau : (haut. 15-100 cm); irrégulièrement ramifié.

Feuille : persistante, coriace, entière, ovale, pointue ou obtuse; dessus vert, dessous légèrement ouaté, pâle.

Fleur : masse serrée, latérale, rose; floraison estivale.

Fruit : capsule (diam. 5 mm).

Habitat : lieux humides; tourbières; varié au nord, abondant dans les milieux très secs ou très humides.

Distribution : générale, au sud d'une ligne reliant Grande-Rivière à Goose Bay.

*(**Note :** on retrouve aussi Kalmia polifolia* Wangehn *à inflorescence terminale.)*

Andromeda glaucophylla Link

ANDROMÈDE GLAUQUE

Arbrisseau : tige (haut. 30-100 cm) ramifiée dès la base.

Feuille : alterne, persistante, entière, aiguë, bord enroulé, presque refermée; dessus vert bleuâtre, dessous à pubescence blanche.

Fleur : rose, sur un petit rameau recourbé; floraison printanière.

Fruit : capsule globuleuse.

Habitat : lieux humides et ouverts; tourbières, bords de cours d'eau.

Distribution : générale, jusqu'à l'Ungava.

FIGURE 78

A ÉPIGÉE RAMPANTE

B PARTHÉNOCISSE À CINQ FOLIOLES

A 0 — 3 cm

B 0 — 6 cm

Epigaea repens L.
ÉPIGÉE RAMPANTE (fleur de mai)
Tige: rampante (long. 5-30 cm), ramifiée.
Feuille: alterne, persistante, entière, pétiolée, oblongue, cordée à la base, bout arrondi, ciliée.
Fleur: blanche ou rose, en forme de cornet, en groupe à l'aisselle; calice persistant; floraison très printanière.
Habitat: bois de conifères tourbeux ou sablonneux.
Distribution: générale, au sud du 54° de latitude.

Parthenocissus quinquefolia (L.) Planch.
PARTHÉNOCISSE À CINQ FOLIOLES (vigne vierge)
Arbrisseau: rampant ou grimpant; tige à rameaux aériens.
Feuille: composée, pétiole divisé; 5 folioles, dentées, ovées, acuminées.
Fleur: en cyme; floraison estivale.
Fruit: baie bleue; pédoncule et pédicelles rouges.
Habitat: bois riches, humides; taillis.
Distribution: zone de la forêt feuillue, aussi vers Bonaventure.

FIGURE **79**

VIGNE DES RIVAGES: feuilles, tiges avec vrilles et fruits

0 3 cm

Vitis riparia Michx.

VIGNE DES RIVAGES (vigne sauvage, raisin sauvage)

Tige: ligneuse, grimpante au moyen de vrilles; branche verdâtre.

Feuille: alterne, simple, généralement 3-7 lobes à sinus anguleux, mince, luisante.

Fruit: baie bleu noir, pruineuse, comestible.

Habitat: bords de cours d'eau, talus d'éboulis, taillis humides.

Distribution: zone de la forêt feuillue, fréquente en bordure du Saint-Laurent jusqu'au Cap-Tourmente.

FIGURE 80

A AIRELLE CANNEBERGE: fruits immatures

B AIRELLE VIGNE-D'IDA

Vaccinium oxycoccos L.

AIRELLE CANNEBERGE (atocas)

Tige: très grêle, rampante; branches (long. 3-15 cm) dressées.

Feuille: (long. 4-15 mm) ovée, aiguë, pétiolée, bord légèrement enroulé; dessus vert foncé, dessous blanchâtre.

Fleur: grappe terminale; pédicelle portant deux petites bractées; floraison estivale.

Fruit: baie globuleuse; d'abord ponctué à l'état vert, puis rouge et enfin noirâtre à maturité.

Habitat: tourbières et forêts tourbeuses.

Distribution: générale, très nordique, jusque dans l'Ungava.

Vaccinium vitis-idaea L.

AIRELLE VIGNE-D'IDA (pommes de terre, graines rouges)

Tige: souterraine, à rameaux aériens (long. 7-20 cm).

Feuille: persistante, épaisse, base rétrécie, bout arrondi; dessus luisant, dessous ponctué de glandes brunes.

Fleur: en forme de cloche; floraison printanière.

Fruit: baie globuleuse, rouge à maturité.

Habitat: lieux plutôt secs, le plus souvent rocheux ou sablonneux; général vers le nord.

Distribution: très nordique, générale à l'est d'une ligne reliant la ville de Québec à la rivière Rupert.

FIGURE **81**

A **AIRELLE FAUSSE-MYRTILLE**

B **AIRELLE À FEUILLES ÉTROITES**

A 0 3 cm

B 0 2 cm

Vaccinium myrtilloides Michx.
AIRELLE FAUSSE-MYRTILLE (bleuets)

Arbrisseau : (haut. 15-60 cm); rameau de l'année fortement pubescent.

Feuille : entière, oblongue, ovale, pointue, pubescente.

Fleur : plusieurs masses serrées, plus longues que leur pédicelle; floraison printanière.

Fruit : baie bleue ou noirâtre à maturité (diam. 5-6 mm).

Habitat : varié; brûlis, tourbières; sols sablonneux ou rocheux; aussi en sous-bois; forêts résineuses et mélangées.

Distribution : générale, au sud du 56° de latitude.

Vaccinium angustifolium Ait.
AIRELLE À FEUILLES ÉTROITES (bleuets)

Arbrisseau : (haut. 16-60 cm); rameau verruqueux, glabre ou presque.

Feuille : légèrement dentée, glabre ou peu pubescente sur les nervures inférieures, oblongue, elliptique.

Fleur : masse serrée; floraison printanière.

Habitat : varié; fréquemment avec *V. myrtilloides*.

Distribution : générale, nordique, jusque dans l'Ungava.

FIGURE **82**

A **CHIOGÈNE HISPIDE**

B **GAULTHÉRIE COUCHÉE**

Gaultheria hispidula (L.) Mühl. ex Bigel.
GAULTHÉRIE HISPIDE (Chiogène hispide ou petit thé)
Tige : rampante; rameau filiforme (long. 10-30 cm).

Feuille : petite, alterne, sur deux rangs, ovale, entière.

Fleur : solitaire, à l'aisselle, en forme de cloche, sur un pédoncule recourbé; floraison printanière.

Fruit : baie aromatique, blanche, poilue.

Habitat : varié dans la forêt boréale; plus au sud dans les lieux humides; forêts tourbeuses.

Distribution : générale, nordique, jusqu'au 56° de latitude.

*(**Note :** syn. Chiogenes hispidula (L.) T. & G.)*

Gaultheria procumbens L.
GAULTHÉRIE COUCHÉE (thé des bois)

Tige : souterraine; rameau aérien (long. 3-15 cm).

Feuille : au sommet; peu nombreuses; épaisse, ovale, légèrement dentée, luisante.

Fleur : blanche, solitaire, à l'aisselle; floraison printanière.

Fruit : pseudobaie presque globuleuse, écarlate, aromatique.

Habitat : bois secs, plutôt acides; pinèdes.

Distribution : zone de la forêt feuillue; en Abitibi et en Gaspésie.

*(**Note :** les gaulthéries possèdent une saveur de salicylate de méthyle.)*

FIGURE 83

IF DU CANADA : rameau avec fruits

Taxus canadensis Marsh.

IF DU CANADA

Arbrisseau : couché, ne dépasse pas 2 m; branches redressées; espèce résineuse.

Feuille : aiguille persistante, aplatie, paraissant sur deux rangées; terminée en pointe brusque, pétiolée, verte.

Fruit : charnu, rouge, ouvert au bout, à saveur résineuse, à graine vénéneuse.

Habitat : général, absent lorsque très sec; dans la zone de la forêt boréale, préfère les sols calcaires.

Distribution : abondant dans les zones des forêts feuillue et mélangée; atteint le 51° de latitude.

*(**Note :** certains l'appellent à tort « buis de sapin ».)*

FIGURE **84**

A **GENÉVRIER COMMUN**

B **GENÉVRIER HORIZONTAL**

A 0 4 cm

B 0 4 cm

Juniperus communis L.
GENÉVRIER COMMUN (genièvre)

Arbrisseau: (haut. 25-150 cm); tiges plus ou moins couchées.

Feuille: aiguille persistante (long. 7-22 mm), verticillée par trois, fine, piquante.

Fruit: baie noir bleuâtre lorsque mature.

Habitat: lieux secs et ouverts; rochers, dunes.

Distribution: générale, nordique jusque dans l'Ungava.

Juniperus horizontalis Moench
GENÉVRIER HORIZONTAL

Caractères distinctifs:

Feuille: feuille adulte en écaille courte (long. 1-2 mm), imbriquée.

Fruit: baie bleu pâle; pédoncule recourbé.

Habitat: rochers exposés au sud; rivages rocheux ou sablonneux vers le nord.

Distribution: région à l'est de la Grosse Île; zone de la forêt boréale, de la Baie-James à la Côte-Nord.

LES PLANTES HERBACÉES

FIGURE 85

A CLAYTONIE DE CAROLINE

B *Viola affinis* Le Conte : exemple du genre

A 0 2 cm

B 0 6 cm

Claytonia caroliniana Michx.
CLAYTONIE DE CAROLINE

Tige : (haut. 15-30 cm); naît d'un tubercule aplati.

Feuille : basilaire, pétiolée, allongée, spatulée.

Fleur : en grappe terminale lâche, blanche ou rose, veinée de rose foncé; pédicelle recourbé à l'extrémité; floraison printanière.

Habitat : bois frais et taillis.

Distribution : abondante dans la zone de la forêt feuillue; moins fréquente dans la zone de la forêt mélangée.

Viola sp.
VIOLETTE

Tige : (haut. 7-30 cm); absente ou présente selon les espèces et alors issue d'un rhizome.

Feuille : simple, alterne, longuement pétiolée, cordée à la base, ovée ou lancéolée, dentée ou crénelée, mince, glabre ou pubescente.

Fleur : solitaire, bleue, blanche, jaune ou pourpre; long pédoncule; floraison printanière.

Fruit : une capsule à déhiscence dorsale.

Distribution : générale.

FIGURE **86**

A **ASARET DU CANADA**

B **SANGUINAIRE DU CANADA**

Asarum canadense L.

ASARET DU CANADA (gingembre sauvage)

Feuille: (long. 10-18 cm); réniforme, pubescente, à long pétiole, issue d'un rhizome aromatique vivace.

Fleur: solitaire, pourpre brunâtre, insérée à l'aisselle des deux pétioles, pédoncule court; floraison très printanière.

Habitat: érablières à caryer et à tilleul les plus riches, souvent sur sols calcaires.

Distribution: zone de la forêt feuillue, sporadique dans la zone de la forêt mélangée au sud du Saint-Laurent.

Sanguinaria canadensis L.

SANGUINAIRE DU CANADA (sang-dragon)

Feuille: solitaire, basilaire, à long pétiole, lobée, cordée ou réniforme issue d'un rhizome vivace.

Fleur: solitaire, blanche; floraison très printanière.

Fruit: capsule oblongue et fusiforme.

Habitat: érablières riches.

Distribution: zone de la forêt feuillue, zone de la forêt mélangée en bordure du Saint-Laurent.

*(**Note:** le nom «sanguinaire» est dû à son latex de couleur rouge sang.)*

FIGURE **87**

A **OXALIDE DE MONTAGNE**

B **COPTIDE DU GROENLAND:** en fruits

Oxalis montana Raf.

OXALIDE DE MONTAGNE

Feuille: (haut. 3-10 cm); basilaire, long pétiole; 3 folioles; goût acide.

Fleur: solitaire, long pédoncule; blanche ou rosée; floraison estivale.

Habitat: bois ombragés et frais; forêts mélangées et de conifères.

Distribution: générale, jusqu'à la latitude du lac Mistassini.

Coptis groenlandica (Oeder) Fern.

COPTIDE DU GROENLAND (savoyane)

Rhizome: filiforme, jaune or; à saveur amère.

Feuille: basilaire, longuement pétiolée, divisée en 3 lobes, luisante, vert foncé.

Fleur: blanche, solitaire, sur une hampe; floraison printanière.

Fruit: capsule, terminée en pointe; en ombelle.

Habitat: forêts de conifères ou mélangées; bois froids et humides; parfois tourbeux.

Distribution: générale, très nordique.

FIGURE 88

A ACTÉE À GROS PÉDICELLES

B ACTÉE ROUGE : fruits **C** Rameau et fleurs

A 0 2 cm

B 0 8 cm

C 0 7 cm

Actaea pachypoda Ell.

ACTÉE À GROS PÉDICELLES

Tige : (haut. 30-40 cm).

Feuille : composée, pétiolée, ternée, à divisions uni-bipennées; foliole ovale, très découpée, lobes et dents aigus.

Fleur : blanche, petite, en grappe terminale; floraison printanière.

Fruit : baie blanche portée sur un pédicelle rouge épaissi (diam. égal au pédoncule principal); vénéneux.

Habitat : érablières rocheuses.

Distribution : zone de la forêt feuillue, le long du Saint-Laurent jusqu'à Rimouski; au Saguenay et au Lac-Saint-Jean; surtout domaines des érablières à caryer et à tilleul.

Actaea rubra (Ait.) Willd.

ACTÉE ROUGE (pain ou poison de couleuvre)

Tige : (haut. 30-40 cm).

Feuille : composée, pétiolée ou les supérieures sessiles, ternée, à divisions uni-bipennées; foliole ovée ou la terminale obovée, dentée ou incisée.

Fleur : blanche, petite, en grappe terminale; floraison printanière.

Fruit : baie rouge ou blanc portée sur un pédicelle grêle, vert; vénéneux.

Habitat : érablières; lieux riches; endroits plus humides au nord.

Distribution : générale, jusqu'au 58° de latitude.

FIGURE **89**

A **PIGAMON PUBESCENT :** inflorescence

B **CAULOPHYLLE FAUX-PIGAMON :** fruits immatures

C **PIGAMON DIOÏQUE :** feuille

A 0 3 cm

B 0 5 cm

C 0 13 cm

PIGAMON PUBESCENT

CAULOPHYLLE FAUX-PIGAMON

PIGAMON DIOÏQUE

Thalictrum pubescens Pursh

PIGAMON PUBESCENT

Tige : (haut. 25-260 cm); ramifiée.

Feuille : alterne, composée-ternée; foliole, à trois grosses dents arrondies.

Fleur : blanche, en panicule; floraison estivale (juin-juillet).

Fruit : akène ailé.

Habitat : lieux humides, ouverts, plutôt ombragés; rivages, fossés, clairières.

Distribution : générale, atteint le 55° de latitude.

Caulophyllum thalictroides (L.) Michx.

CAULOPHYLLE FAUX-PIGAMON

Tige : (haut. 30-100 cm).

Feuille : composée-ternée, vert jaunâtre mat au début.

Fleur : pourpre verdâtre; floraison très printanière.

Fruit : baie bleue.

Habitat : érablières riches.

Distribution : domaines des érablières à caryer et à tilleul; rare dans le domaine de l'érablière à bouleau jaune.

Thalictrum dioicum L.

PIGAMON DIOÏQUE

Caractères distinctifs :

Tige : (haut. 30-60 cm).

Feuille : foliole à cinq grosses dents arrondies.

Fleur : verdâtre, en panicule; floraison très printanière (mai).

Habitat : bois riches et rocheux; alluvions.

Distribution : zone de la forêt feuillue, surtout les domaines des érablières à caryer et à tilleul.

FIGURE 90

A DICENTRE DU CANADA

B Comparaison des fleurs de dicentre du Canada (droite) et de dicentre à capuchon (gauche)

Dicentra canadensis (Goldie) Walp.
DICENTRE DU CANADA (cœurs-saignants)

Tige: (haut. 15-30 cm); texture délicate.

Feuille: très divisée, mince, glauque inférieurement.

Fleur: blanc verdâtre teinté de pourpre, en grappe, sur une hampe (long. 15-30 cm); éperons courts, arrondis; floraison printanière.

Habitat: érablières riches.

Distribution: basses-terres du Saint-Laurent jusqu'à Québec; abondante dans la région de Montréal et dans l'Estrie.

Dicentra cucullaria (L.) Bernh.
DICENTRE À CAPUCHON

Caractères distinctifs:

Feuille: couleur identique sur les deux faces.

Fleur: blanche et jaune; éperons aigus et écartés, triangulaires.

Distribution: zone de la forêt feuillue, zone de la forêt mélangée au sud du Saint-Laurent, au Lac-Saint-Jean.

FIGURE 91

A TIARELLE CORDIFOLIÉE

B DALIBARDE RAMPANTE

Tiarella cordifolia L.

TIARELLE CORDIFOLIÉE

Hampe : (haut. 15-20 cm); grêle, pubescente.

Feuille : surtout basilaire, simple, cordée, long pétiole.

Fleur : en grappe simple, blanche; floraison printanière.

Fruit : capsule membraneuse, fléchie.

Habitat : généralement dans les bois frais; cédrières.

Distribution : zone de la forêt feuillue, zone de la forêt mélangée au sud du Saint-Laurent; présente dans les comtés de Charlevoix et du Témiscouata.

Dalibarda repens L.

DALIBARDE RAMPANTE

Tige : (long. 10-20 cm) rampante.

Feuille : basilaire simple, réniforme, crénelée; long pétiole.

Fleur : blanche, solitaire, longuement pédicellée; floraison estivale.

Fruit : ensemble de drupéoles, blanches, sèches.

Habitat : fréquente dans les sous-bois tourbeux, humides et frais.

Distribution : zone de la forêt feuillue, zone de la forêt mélangée au sud du Saint-Laurent jusqu'à Kamouraska.

FIGURE 92

A **MITRELLE À DEUX FEUILLES**

B **MITRELLE NUE**

Mitella diphylla L.

MITRELLE À DEUX FEUILLES

Hampe: (haut. 25-45 cm); pubescente, portant une paire de feuilles opposées près de son milieu.

Feuille: basilaire, pétiolée.

Fleur: grappe allongée, très petite; floraison printanière.

Fruit: capsule aplatie.

Habitat: érablières riches.

Distribution: domaines des érablières à caryer et à tilleul.

Mitella nuda L.

MITRELLE NUE

Hampe: (haut. 8-20 cm); dressée, très grêle, pubescente, nue ou ne portant qu'une petite feuille.

Feuille: basilaire, pétiolée, réniforme, orbiculaire, munie de poils blancs raides et courts.

Fleur: très petite, verdâtre, semblable à *M. diphylla*; floraison estivale.

Habitat: bois humides, taillis.

Distribution: générale, nordique jusqu'à l'Ungava.

FIGURE 93

A *Geum aleppicum* Jacq. (feuilles semblables à *Geum rivale* L.)

B **BENOÎTE À GRANDES FEUILLES :** plante entière

C Feuille

Geum rivale L.

BENOÎTE DES RUISSEAUX (benoîte pourpre)

Tige : (haut. 30-60 cm).

Feuille : composée; basilaire grande; réduite au sommet.

Fleur : pétale couleur crème, sépale pourpre, pendante au sommet; floraison printanière.

Fruit : akène dressé, pointe en forme de faucille.

Habitat : lieux humides; bords de ruisseaux; marécages.

Distribution : générale, nordique jusqu'à l'Ungava; plus fréquente au sud dans la zone de la forêt feuillue et dans la zone de la forêt mélangée au sud du Saint-Laurent.

Geum macrophyllum Willd.

BENOÎTE À GRANDES FEUILLES

Caractères distinctifs :

Feuille : lobe terminal des feuilles basilaires très grand (larg. 5-10 cm), réniforme ou arrondi.

Fleur : jaune, moins spectaculaire que *G. rivale*.

FIGURE 94

A CIRCÉE ALPINE

B CIRCÉE DE LUTÈCE

A 0 5 cm

B 0 6 cm

Circaea alpina L.

CIRCÉE ALPINE

Tige : (haut. 7-20 cm).

Feuille : opposée, pétiolée, ovée, aiguë ou acuminée, plus ou moins cordée à la base, dentée.

Fleur : blanche ou rosée, petite, en grappe; floraison estivale.

Fruit : capsule couverte de poils recourbés et raides.

Habitat : bois frais et humides, sols riches; forêts de conifères.

Distribution : générale, jusqu'au 54° de latitude.

Circaea lutetiana L.

CIRCÉE DE LUTÈCE

Caractères distinctifs :

Tige : (haut. 20-100 cm); ferme, gonflée aux nœuds.

Feuille : oblongue-ovée, généralement arrondie à la base.

Fruit : plissé.

Habitat : bois riches; forêts feuillues; taillis.

Distribution : domaines des érablières à caryer et à tilleul; Baie-des-Chaleurs.

FIGURE **95**

A **ÉPILOBE À FEUILLES ÉTROITES**

B **ANAPHALE MARGUERITE**

Epilobium angustifolium L.
ÉPILOBE À FEUILLES ÉTROITES (bouquets rouges)
Tige: (haut. 50-200 cm); solitaire ou peu nombreuses.
Feuille: alterne, allongée, pâle inférieurement.
Fleur: au sommet de la tige, grappe très allongée; floraison estivale.
Fruit: capsule étroite.
Habitat: lieux ouverts, perturbés; brûlis.
Distribution: générale, jusqu'à l'extrême nord.

*(**Note:** les fleurs éclosent à partir du bas en montant vers le sommet de la grappe.)*

Anaphalis margaritacea (L.) Benth. & Hook.
ANAPHALE MARGUERITE (immortelle)
Tige: (haut. 30-100 cm); laineuse, blanchâtre.
Feuille: sessile, linéaire-lancéolée, pubescente supérieurement, laineuse inférieurement.
Fleur: capitule en corymbe composé, bractée blanche; floraison estivale.
Habitat: lieux ouverts et secs; terrains perturbés, brûlis, bords de routes.
Distribution: générale, jusqu'au 53° de latitude.

FIGURE **96**

A **IMPATIENTE DU CAP**

B **IMPATIENTE PÂLE**

A 0 2,5 cm

B 0 5 cm

Impatiens capensis Meerb.
IMPATIENTE DU CAP (chou sauvage)

Tige : (haut. 50-100 cm); translucide, souvent teintée de rouge.

Feuille : alterne, simple, ovée ou ovale, crénelée-dentée.

Fleur : orangée, fortement tachetée; éperon fortement incurvé; floraison estivale.

Fruit : capsule allongée, charnue, s'ouvrant avec élasticité et éjectant ses graines.

Habitat : lieux humides, inondés, le plus souvent ombragés ou semi-ombragés; souvent avec *I. pallida* (moins fréquente).

Distribution : générale, jusqu'à la rivière Eastmain; fréquente dans la zone de la forêt feuillue et au sud du Saint-Laurent.

Impatiens pallida Nutt.
IMPATIENTE PÂLE

Caractères distinctifs :

Tige : translucide, vert pâle.

Fleur : jaune citron uni; éperon replié à angle droit par rapport au sac.

Distribution : sud du Québec jusqu'en Gaspésie.

FIGURE **97**

A **CORNOUILLER DU CANADA**

B **MÉDÉOLE DE VIRGINIE**

Cornus canadensis L.

CORNOUILLER DU CANADA (quatre-temps, rougets)

Tige : ligneuse à la base seulement; tige (haut. 7-20 cm) dressée, portant au sommet des feuilles en rosette, ovées ou obovées.

Fleur : petite, verdâtre, formant un genre de capitule entouré de 4-6 bractées blanches insérées à la base; floraison estivale.

Fruit : globuleux, d'un rouge vif.

Habitat : varié; abondant dans les forêts de conifères.

Distribution : générale, jusqu'à l'Ungava.

(***Note :*** *autres* ***Cornus****, p. 125)*

Medeola virginiana L.

MÉDÉOLE DE VIRGINIE (concombre sauvage)

Tige : (haut. 30-90 cm); dressée, simple, munie d'une laine disparaissant avec l'âge.

Feuille : disposée en rosette sur 2 étages.

Fleur : sur rosette supérieure, jaune verdâtre, courbée vers le bas, en ombelle sessile; floraison printanière.

Fruit : baie globuleuse rouge foncé.

Habitat : abondant dans les érablières à bouleau jaune.

Distribution : zone de la forêt feuillue, parfois dans la zone de la forêt mélangée, jusqu'à Kamouraska.

FIGURE 98

A GINSENG À TROIS FOLIOLES

B GINSENG À CINQ FOLIOLES

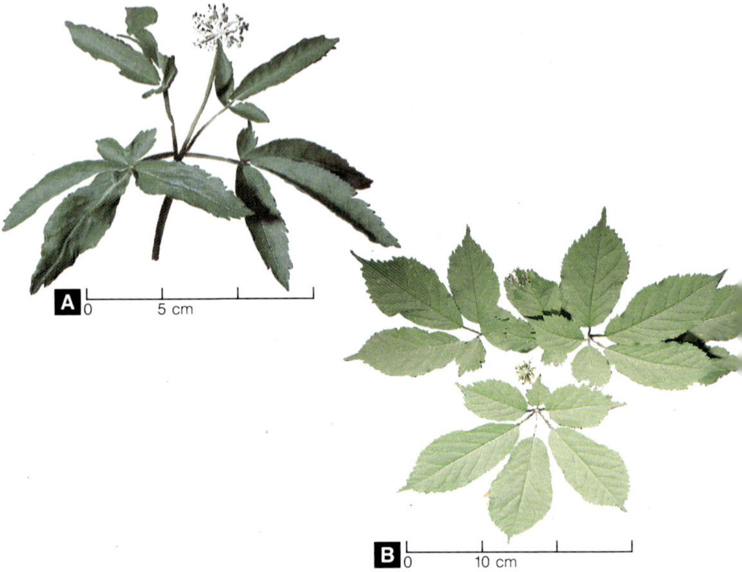

Panax trifolius L.

GINSENG À TROIS FOLIOLES (petit ginseng)

Tige: (haut. 10-20 cm); glabre.

Feuille: composée-palmée, en verticille au sommet de la tige; 3-5 folioles sessiles, ovales ou oblancéolées, obtuses.

Fleur: blanche, en ombelle solitaire, terminale, simple; floraison printanière.

Fruit: baie drupacée, triangulaire.

Habitat: érablières riches.

Distribution: domaines des érablières à caryer et à tilleul; le long du fleuve jusqu'au cap Tourmente.

Panax quinquefolius L.

GINSENG À CINQ FOLIOLES (ginseng)

Caractères distinctifs:

Tige: (haut. 20-35 cm).

Feuille: 5 folioles pétiolées, ovées ou obovées, acuminées.

*(**Note** : espèce protégée par la loi sur le commerce international des espèces indigènes)*

FIGURE 99

A ARALIE À TIGE NUE

B ARALIE À GRAPPES

A 0 8 cm

B 0 6 cm

Aralia nudicaulis L.

ARALIE À TIGE NUE (salsepareille)

Tige: (haut. 20-60 cm); feuille et inflorescence issues d'un long rhizome superficiel.

Feuille: une seule (long. 15-30 cm) composée-ternée.

Fleur: en ombelle, généralement 3; floraison printanière.

Fruit: baie pourpre noirâtre.

Habitat: bois frais.

Distribution: générale, atteint le 53° de latitude.

Aralia racemosa L.

ARALIE À GRAPPES (grande salsepareille)

Tige: (haut. 1-2 m); branches très divergentes.

Feuille: composée, 3 ou 5 folioles, très grande.

Fleur: ombelles nombreuses, en grappe ou en panicule; floraison printanière.

Fruit: baie rouge foncé.

Habitat: bois riches, ombragés; érablières.

Distribution: zone de la forêt feuillue et zone de la forêt mélangée au sud du Saint-Laurent, le long du Saguenay et au Lac-Saint-Jean.

FIGURE **100**

A ARALIE HISPIDE

B OSMORHIZE DE CLAYTON

A 0 15 cm

B 0 5 cm

Aralia hispida Vent.
ARALIE HISPIDE (salsepareille)
Tige: (haut. 30-100 cm); dressée, munie de piquants grêles.
Feuille: alterne, composée, foliole aiguë.
Fleur: 2-7 ombelles terminales, simples; pédoncule grêle; floraison estivale.
Fruit: baie pourpre noirâtre, 5 lobes.
Habitat: lieux ouverts et secs; sols sablonneux; rochers exposés, tourbières sèches.
Distribution: générale, jusqu'au 52° de latitude.

Osmorhiza claytonii (Michx.) Clarke
OSMORHIZE DE CLAYTON
Tige : (haut. 50-100 cm); entièrement pubescente.
Feuille : très grande, plusieurs fois ternée.
Fleur : en ombelle longuement pédonculée; floraison printanière.
Fruit : capsule linéaire.
Habitat : bois riches.
Distribution : zone de la forêt feuillue, zone de la forêt mélangée au sud du Saint-Laurent, le long du Saguenay et au Lac Saint-Jean.

FIGURE **101**

A **TRIENTALE BORÉALE**

B **MÉLAMPYRE LINÉAIRE:** en fleurs

Trientalis borealis Raf.

TRIENTALE BORÉALE

Tige: (haut. 5-25 cm); simple.

Feuille: 5-10, verticillée au sommet de la tige.

Fleur: petite, terminale, solitaire, blanche; floraison printanière.

Habitat: bois frais et humides.

Distribution: générale, atteint l'Ungava.

Melampyrum lineare Desr.

MÉLAMPYRE LINÉAIRE

Tige: (haut. 15-45 cm); très ramifiée à l'extrémité, légèrement pubescente.

Feuille: opposée, linéaire-lancéolée.

Fleur: petite, solitaire à l'aisselle, blanche ou jaunâtre; floraison estivale.

Habitat: forêts de conifères sur sol sablonneux; lieux secs; rochers; tourbières.

Distribution: générale, atteint le 53° de latitude.

FIGURE 102

A MONOTROPE UNIFLORE

B MONOTROPE DU PIN

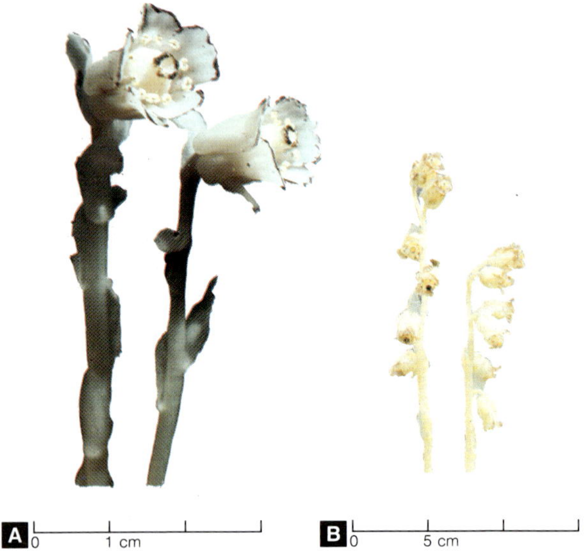

Monotropa uniflora L.

MONOTROPE UNIFLORE

Tige : (haut. 10-15 cm); d'un blanc de cire (sans chlorophylle), groupée, charnue et tendre, se lignifiant en fruit.

Feuille : réduite à une écaille.

Fleur : terminale, solitaire, penchée; floraison estivale.

Fruit : capsule dressée (long. 1-2 cm).

Habitat : lieux ombragés.

Distribution : générale, atteint le 52° de latitude.

Monotropa hypopithys L.

MONOTROPE DU PIN

Caractères distinctifs :

Tige : (haut. 10-30 cm); jaunâtre, souvent pubescente vers le haut.

Fleur : plusieurs, en grappe courte.

Fruit : capsule (long. 4-5 mm).

*(**Note :** les monotropes sont des plantes saprophytes.)*

FIGURE **103**

A CHIMAPHILE À OMBELLES

B PYROLE UNILATÉRALE

Chimaphila umbellata (L.) Barton
CHIMAPHILE À OMBELLES (herbe à peigne)
Tige: (haut. 20-30 cm).
Feuille: luisante, spatulée, dentée, verticillée.
Fleur: blanche ou rosée; floraison estivale.
Fruit: capsule.
Habitat: généralement dans les lieux secs.
Distribution: zone de la forêt feuillue, zone de la forêt mélangée au sud du Saint-Laurent, le long du Saguenay et au Lac-Saint-Jean.

Pyrola secunda L.
PYROLE UNILATÉRALE
Hampe: (haut. 5-25 cm).
Feuille: basilaire, ovée, très variable.
Fleur: sur une hampe; blanc verdâtre, disposée en grappe unilatérale; floraison estivale.
Fruit: capsule à 5 lobes.
Habitat: varié; forêts de conifères et mélangées.
Distribution: générale, atteint l'Ungava.

FIGURE 104

A **PYROLE ELLIPTIQUE**

B **PYROLE À FEUILLES D'ASARET:** hampe florale

C Feuilles en rosette

Pyrola elliptica Nutt.

PYROLE ELLIPTIQUE

Hampe: (haut. 12-25 cm).

Feuille: basilaire, persistante, mince, mate.

Fleur: blanche, en grappe, très odorante; style récliné; floraison estivale.

Habitat: bois plutôt secs; taillis.

Distribution: générale, jusqu'aux environs du 49° de latitude.

Pyrola asarifolia Michx.

PYROLE À FEUILLES D'ASARET

Hampe: (haut. 10-35 cm).

Feuille: basilaire, persistante, réniforme ou cordée, souvent plus large que longue, luisante.

Fleur: rose ou pourpre (diam. 12-15 mm); penchée; en grappe; floraison estivale.

Habitat: bois humides.

Distribution: générale, jusqu'à l'Ungava.

FIGURE **105**

A **ÉPIFAGE DE VIRGINIE**

B **LYCOPE UNIFLORE**

Epifagus virginiana (L.) Bart.
ÉPIFAGE DE VIRGINIE

Tige : (haut. 15-60 cm); issue d'une base épaissie, écailleuse; portant quelques petites écailles en guise de feuilles.

Fleur : disposée en épi sur la branche; floraison automnale.

Habitat : érablières à hêtre et hêtraies.

Distribution : zone de la forêt feuillue, le long du Saint-Laurent jusqu'à Rimouski.

*(**Note :** parasite exclusif du hêtre.)*

Lycopus uniflorus Michx.
LYCOPE UNIFLORE

Tige : (haut. 10-80 cm); tubéreuse à la base.

Feuille : opposée, dentée.

Fleur : petite, en masse axillaire dense; floraison estivale.

Habitat : lieux humides, ouverts; rives.

Distribution : générale, atteint le 54° de latitude.

*(**Note :** Mentha canadensis* L., *qui possède une forte odeur de menthe, ressemble au lycope uniflore qui est inodore.)*

FIGURE **106**

A **LINNÉE BORÉALE**

B **MITCHELLA RAMPANT**

A 0 4 cm

B 0 2 cm

Linnaea borealis L.

LINNÉE BORÉALE

Tige : rampante; pubescente, glanduleuse, (long. 15-60 cm).

Feuille : presque ronde, opposée, peu pétiolée.

Fleur : en entonnoir, penchée, rose et odorante, sur un long pédoncule; floraison estivale.

Habitat : varié dans les forêts de conifères; forêts humides et tourbières au sud.

Distribution : générale, atteint l'Ungava.

Mitchella repens L.

MITCHELLA RAMPANT (pain de perdrix)

Tige : rampante, en apparence herbacée, en réalité ligneuse; partie aérienne (long. 15-20 cm), grêle, enracinée aux nœuds.

Feuille : opposée, ovale-orbiculaire, persistante.

Fleur : blanche, en entonnoir, jumelée; floraison printanière.

Fruit : drupe rouge, rarement blanc, plus large que haut, persistant tout l'hiver.

Habitat : bois riches, bien drainés.

Distribution : zone de la forêt feuillue, jusqu'à Kamouraska, aussi au parc Forillon.

FIGURE **107**

A **LAPORTÉA DU CANADA**

B *Galium triflorum* Michx.

A 0 6 cm

B 0 3 cm

Laportea canadensis (L.) Wedd.
LAPORTÉA DU CANADA (ortie du Canada)
Tige: (haut. 60-120 cm); fortement armée de poils urticants.
Feuille: grande, alterne, dentée, pétiolée.
Fleur: touffe large à l'aisselle des feuilles, distancée sur l'axe; floraison estivale.
Habitat: généralement dans les lieux ombragés et humides.
Distribution: zone de la forêt feuillue, zone de la forêt mélangée au sud du Saint-Laurent, au Lac-Saint-Jean.

*(**Note:** ses larges feuilles forment un écran empêchant le développement de toute autre végétation sous elles.)*

Galium sp.
GAILLET
Tige: quadrangulaire (haut. 30-200 cm).
Feuille: en apparence verticillée, en réalité opposée.
Fleur: petite; réunies en cyme ou panicule; axillaire ou terminale; pédicelle articulé avec le calice.
Fruit: sec ou charnu, lisse ou poilu, jumelé.
Habitat: bois, taillis, rives, lieux ouverts, tourbières.
Distribution: générale.

FIGURE **108**

A **PÉTASITE PALMÉ**

B *Prenanthes trifoliolata* (Cass.) Fern.

Petasites palmatus (Ait.) Gray
PÉTASITE PALMÉ

Tige: (haut. 15-60 cm); robuste, très écailleuse.

Feuille: palmée, large, dessous tomenteux.

Fleur: capitule en corymbe, presque blanche; floraison très printanière.

Habitat: généralement dans les lieux ombragés et humides; falaises, berges de rivières.

Distribution: générale, très nordique.

*(**Note:** les plantes stériles sont très nombreuses, elles sont alors réduites aux feuilles basilaires comme à la fig. 108a.)*

Prenanthes sp.
PRENANTHE

Tige: (haut. 20-200 cm); généralement glabre.

Feuille: forme variable: entière, lobée, dentée, denticulée, ovée, lancéolée, mince, alterne.

Fleur: capitule petit, pendant; floraison estivale.

Habitat: bois, taillis, rives.

Distribution: générale, atteint le 53° de latitude.

*(**Note:** à la fig. 108b, P.* trifoliolata *(Cass.) Fern. est réduit aux feuilles inférieures, nettement pétiolées et tripartites.)*

FIGURE 109

A EUPATOIRE MACULÉE

B EUPATOIRE RUGUEUSE

A 0 6 cm

B 0 6 cm

Eupatorium maculatum L.

EUPATOIRE MACULÉE

Tige : (haut. 1-2 m); simple.

Feuille : verticillée par 4-5, lancéolée, dentée.

Fleur : en corymbe aplati, pourpre; floraison estivale.

Habitat : lieux humides, ouverts semi-ombragés; parfois en forêt; tourbières.

Distribution : générale, jusqu'au 52° de latitude.

Eupatorium rugosum Houtt.

EUPATOIRE RUGUEUSE

Tige : (haut. 30-120 cm); très ramifiée.

Feuille : opposée, pétiolée, arrondie à la base, fortement dentée, nervure triple.

Fleur : blanche, en capitule; floraison estivale.

Habitat : lieux ouverts, bois humides, taillis, rives.

Distribution : zone de la forêt feuillue, zone de la forêt mélangée au sud du Saint-Laurent, au Lac-Saint-Jean.

FIGURE 110

A VERGE D'OR À TIGE ZIGZAGANTE

B VERGE D'OR À GRANDES FEUILLES

Solidago flexicaulis L.

VERGE D'OR À TIGE ZIGZAGANTE

Tige: (haut. 30-100 cm); zigzagante.

Feuille: alterne, simple, ovée, dentée, mince.

Fleur: jaune, en capitule (long. 5-6 mm), en fascicule dans les aisselles; floraison estivale-automnale.

Habitat: érablières, lisières de forêts, clairières.

Distribution: zone de la forêt feuillue, zone de la forêt mélangée au sud du Saint-Laurent; au nord, basses-terres et le long du Saguenay.

Solidago macrophylla Pursh

VERGE D'OR À GRANDES FEUILLES

Tige: (haut. 35-120 cm); forte, striée, pubescente au sommet.

Feuille: alterne, simple, ovée, irrégulièrement dentée, très mince; pétiole ailé.

Fleur: jaune, capitule (long. 8-12 mm), en fascicule ou en thyrse; floraison estivale-automnale.

Habitat: bois de conifères, taillis, falaises rocheuses, rivages.

Distribution: générale, extrême nord.

FIGURE 111

A VERGE D'OR RUGUEUSE

B ASTER ACUMINÉ

Solidago rugosa Ait.

VERGE D'OR RUGUEUSE

Tige: (haut. 50-200 cm); densément pubescente.

Feuille: alterne, simple, dentée, velue, large.

Fleur: jaune, en petits capitules (long. 3-4 mm) nombreux formant une grande panicule pyramidale à branches recourbées; floraison estivale-automnale.

Habitat: lieux ouverts, taillis et bois humides.

Distribution: générale, jusqu'au 52° de latitude.

Aster acuminatus Michx.

ASTER ACUMINÉ

Tige: (haut. 30-100 cm); zigzagante.

Feuille: alterne, mince, acuminée, dentée; les supérieures assez rapprochées.

Fleur: blanche, capitule sur un pédoncule feuillé; floraison automnale.

Habitat: lieux montueux, bois et clairières.

Distribution: au sud d'une ligne joignant Hull au Lac-Saint-Jean et à Baie-Comeau, incluant la péninsule gaspésienne.

FIGURE 112

A ASTER À GRANDES FEUILLES

B ASTER PONCEAU

A 0 8 cm

B 0 3 cm

Aster macrophyllus L.

ASTER À GRANDES FEUILLES (pétouane)

Tige: (haut. 60-100 cm); glanduleuse, portant 3-4 grandes feuilles basilaires; plante souvent réduite aux seules feuilles basilaires.

Feuille: cordée, épaisse, pédonculée.

Fleur: capitule sur un pédoncule feuillé; rayon violet; floraison estivale.

Habitat: varié.

Distribution: zones des forêts feuillue et mélangée; plus nordique à l'ouest.

Aster puniceus L.

ASTER PONCEAU

Tige: (haut. 1-2 m); forte, rougeâtre, entre-nœud (long. 10-60 cm) fortement velu.

Feuille: alterne, simple, sessile ou embrassante, lancéolée-oblongue, dentée, rugueuse.

Fleur: capitule bleu-violet; floraison estivale.

Habitat: lieux ouverts, plutôt humides; clairières, taillis, fossés, rives de cours d'eau.

Distribution: générale, nordique, atteint l'Ungava.

FIGURE **113**

A **STREPTOPE ROSE**

B **STREPTOPE AMPLEXICAULE**

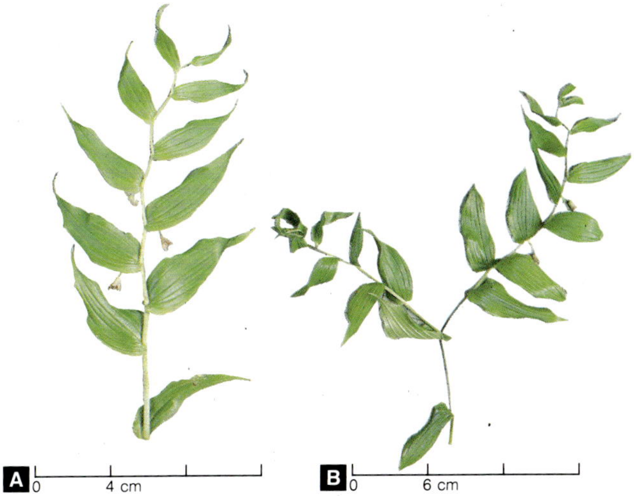

Streptopus roseus Michx.
STREPTOPE ROSE (rognons de coq)

Tige : (haut. 20-60 cm); ramifications légèrement pubescentes.

Feuille : alterne, arrondie à la base, sessile, finement ciliée, acuminée.

Fleur : rose, solitaire ou par paire, à l'aisselle des feuilles; floraison printanière.

Fruit : baie rouge, globuleuse.

Habitat : bois; fréquent dans les érablières à bouleau jaune.

Distribution : zones des forêts feuillue, mélangée et boréale, jusqu'au 56° de latitude.

Streptopus amplexifolius (L.) DC.
STREPTOPE AMPLEXICAULE

Tige : (haut. 30-100 cm); ramifiée dès la moitié inférieure.

Feuille : alterne, ovée, fortement embrassante, glauque ou pâle inférieurement.

Fleur : verdâtre, en cloche, solitaire ou par paire, à l'aisselle des feuilles; floraison printanière.

Fruit : baie écarlate, ellipsoïde.

Habitat : forêts mélangées ou de conifères, taillis, lieux plutôt frais; rivages.

Distribution : générale, nordique, jusqu'à l'Ungava.

FIGURE 114

A SCEAU-DE-SALOMON PUBESCENT

B SMILACINE À GRAPPES

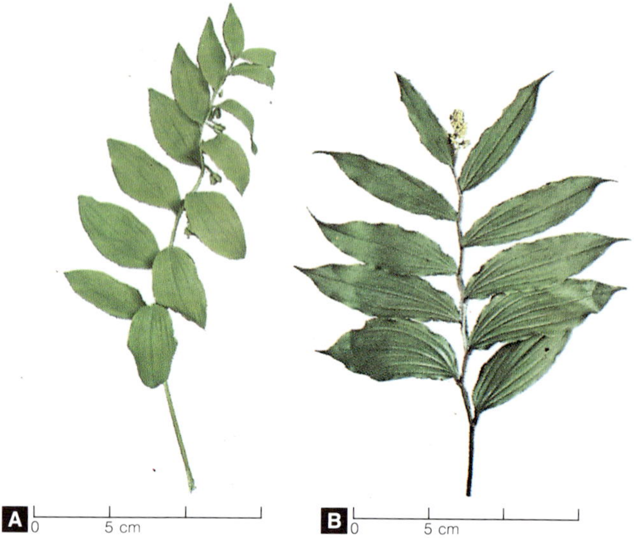

Polygonatum pubescens (Willd.) Pursh

SCEAU-DE-SALOMON PUBESCENT

Tige : (haut. 30-90 cm); grêle, glabre, souvent en zigzag, issue d'un rhizome épais, articulé.

Feuille : alterne, presque sessile, poils courts sur les nervures de la face inférieure.

Fleur : par paire, pendante, verdâtre; floraison printanière.

Fruit : baie d'un bleu presque noir à maturité.

Habitat : fréquent dans les érablières.

Distribution : zones des forêts feuillue et mélangée, jusqu'à la latitude de Rimouski.

Smilacina racemosa (L.) Desf.

SMILACINE À GRAPPES

Tige : (haut. 30-90 cm); arquée et zigzagante.

Feuille : sessile ou presque à maturité.

Fleur : pédicellée, en panicule dense; floraison printanière.

Fruit : baie aromatique, rouge, marquée de points pourpres.

Habitat : érablières; parfois sur sols plus humides, le long des cours d'eau.

Distribution : zone de la forêt feuillue, zone de la forêt mélangée au sud du Saint-Laurent; au Lac-Saint-Jean et sur la Côte-Nord.

FIGURE 115

A SMILACINE ÉTOILÉE

B SMILACINE TRIFOLIÉE

Smilacina stellata (L.) Desf.

SMILACINE ÉTOILÉE

Tige : (haut. 20-60 cm); droite ou arquée, glabre.

Feuille : 7 à 12; alterne, sessile, un peu embrassante, oblongue-lancéolée, légèrement pubescente au-dessous.

Fleur : couleur crème, en forme d'étoile, en grappe; floraison printanière.

Fruit : baie, d'abord verte avec 6 raies noires, noire à la fin.

Habitat : lieux ouverts et sableux; plages, dunes, marécages au sud.

Distribution : abondante autour du golfe du Saint-Laurent; basses-terres du Saint-Laurent, puis sporadique jusqu'au sud de la Baie-James.

Smilacina trifolia (L.) Desf.

SMILACINE TRIFOLIÉE

Tige : (haut. 5-40 cm); simple; pousses stériles bifoliées; pousses fertiles 2-4 feuilles; issue d'un rhizome long et grêle.

Feuille : engainante, sessile.

Fleur : petite, en grappe dressée, pédonculée; floraison estivale.

Fruit : baie rouge foncé à maturité.

Habitat : lieux humides; tourbières, forêts résineuses, tourbeuses.

Distribution : générale, atteint le 55° de latitude.

FIGURE **116**

A UVULAIRE GRANDIFLORE

B UVULAIRE À FEUILLES SESSILES

A 0 — 25 cm

B 0 — 4 cm

Uvularia grandiflora Sm.

UVULAIRE GRANDIFLORE

Tige: (haut. 20-50 cm); vert jaunâtre, d'aspect fané, arquée, ramifiée au sommet (0-2 feuilles sous la bifurcation).

Feuille: alterne, ovale, perfoliée, sans dents, pubescente en dessous dans le jeune âge.

Fleur: jaune vif, grande, pendante; floraison printanière.

Fruit: capsule.

Habitat: érablières riches.

Distribution: zone de la forêt feuillue; plus abondante dans les domaines des érablières à caryer et à tilleul.

Uvularia sessilifolia L.

UVULAIRE À FEUILLES SESSILES

Caractères distinctifs:

Feuille: sessile, pointue aux deux extrémités, vert bleuâtre inférieurement.

Fleur: généralement solitaire, blanc crème.

Distribution: zone de la forêt feuillue, jusqu'à Matapédia.

FIGURE 117

A MAÏANTHÈME DU CANADA

B CLINTONIE BORÉALE

A 0 2,5 cm

B 0 6 cm

Maianthemum canadense Desf.

MAÏANTHÈME DU CANADA

Tige: (haut. 6-22 cm); grêle.

Feuille: généralement 2, cordée à la base, sessile ou presque.

Fleur: en grappe terminale; floraison printanière.

Fruit: baie rouge clair, ponctuée.

Habitat: bois frais, parfois tourbeux, taillis.

Distribution: générale, nordique, jusqu'au 55° de latitude.

Clintonia borealis (Ait.) Raf.

CLINTONIE BORÉALE

Tige: très courte, pubescente.

Feuille: 2-5; basilaire, luisante.

Fleur: terminale, en ombelle, jaune verdâtre, portée sur une hampe (haut. 10-25 cm); floraison printanière.

Fruit: baie ovale, bleue, rarement blanche.

Habitat: très varié.

Distribution: générale, jusqu'au 52° de latitude.

FIGURE 118

A TRILLE DRESSÉ

B TRILLE ONDULÉ

Trillium erectum L.

TRILLE DRESSÉ (trille rouge)

Tige: (haut. 20-40 cm); robuste.

Feuille: en forme de losange, acuminée au sommet.

Fleur: rouge foncé; odeur fétide; floraison printanière.

Fruit: baie ovoïde, rouge noirâtre.

Habitat: érablières et aussi dans les endroits plus frais.

Distribution: zones des forêts feuillue et mélangée.

Trillium undulatum Willd.

TRILLE ONDULÉ

Tige: (haut. 20-60 cm); généralement grêle.

Feuille: arrondie à la base, pétiolée, acuminée au sommet.

Fleur: pétales blancs rayés de pourpre surtout à la base; rebords ondulés; floraison printanière.

Fruit: baie ovoïde, luisante, rouge.

Habitat: bois riches et frais, tourbeux.

Distribution: zones des forêts feuillue et mélangée, présent jusqu'à la latitude de Chibougamau.

FIGURE 119

A TRILLE PENCHÉ

B TRILLE GRANDIFLORE

A 0 4,5 cm

B 0 4 cm

Trillium cernuum L.

TRILLE PENCHÉ

Tige: (haut. 20-40 cm); grêle.

Feuille: sessile, acuminée.

Fleur: blanche ou rosée, penchée, cachée sous les feuilles; floraison printanière.

Fruit: baie ovoïde, pourpre, pendante.

Habitat: bois humides ou tourbeux; taillis.

Distribution: zones des forêts feuillue et mélangée; sporadique plus au nord jusqu'au 51° de latitude.

Trillium grandiflorum (Michx.) Salisb.

TRILLE GRANDIFLORE (trille blanc)

Tige: (haut. 20-45 cm); forte, lisse.

Feuille: sessile, acuminée.

Fleur: blanche au début, passant au rose avec le temps, dressée; floraison printanière.

Fruit: baie globuleuse, rouge à bleu-noir.

Habitat: érablières riches.

Distribution: domaine de l'érablière à caryer; moins fréquent dans l'érablière à tilleul.

FIGURE **120**

A **ÉRYTHRONE D'AMÉRIQUE**

B **AIL TRILOBÉ**

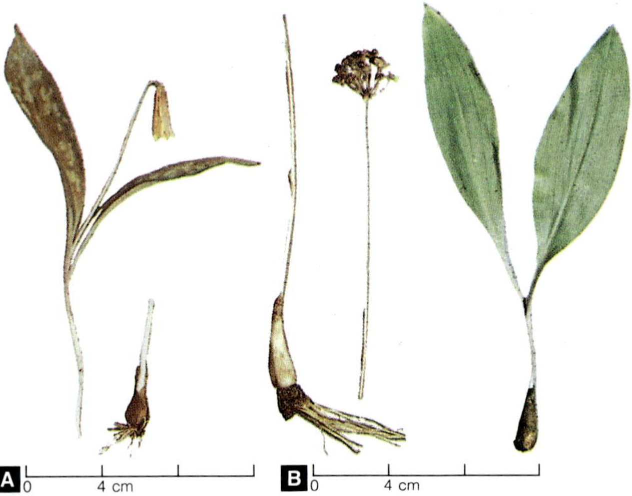

Erythronium americanum Ker-Gawl.
ÉRYTHRONE D'AMÉRIQUE (ail doux)
Tige : (haut. 15-20 cm); nue, issue d'un bulbe ovoïde.
Feuille: 1-2; tachetée de brun
Fleur : solitaire, jaune or; floraison très printanière.
Fruit : capsule ovoïde.
Habitat : fréquent dans les érablières.
Distribution : très abondant dans la zone de la forêt feuillue; aussi dans la zone de la forêt mélangée au sud du Saint-Laurent, le long du Saguenay.

Allium tricoccum Ait.
AIL TRILOBÉ (ail des bois)
Hampe : (haut. 15-40 cm); issue d'un bulbe ovoïde à forte saveur d'ail.
Feuille : basilaire, oblongue-lancéolée; disparaissant avant la floraison.
Fleur : ombelle dressée, portée sur une hampe; floraison printanière.
Fruit : capsule fortement trilobée, chaque loge contenant une grosse graine noire et lisse.
Habitat : érablières riches.
Distribution : domaines des érablières à caryer et à tilleul.

*(**Note :** espèce désignée vulnérable par le gouvernement du Québec en 1995)*

FIGURE **121**

A **IRIS VERSICOLORE**

B *Eriophorum sp.*

A 0 3 cm   **B** 0 8 cm

Iris versicolor L.
IRIS VERSICOLORE (clajeux)

Tige : (haut. 60-90 cm); issue d'un rhizome.

Feuille : (larg. 5-25 mm); glauque, très longue, étroite, rigide.

Fleur : nombreuses, bleu-violet rayé de jaune, de vert et de blanc; floraison printanière.

Habitat : lieux humides, vaseux; bords de cours d'eau, fossés, marécages.

Distribution : générale, jusqu'au 52° de latitude.

Eriophorum sp.
LINAIGRETTE

Tige : (haut. 15-120 cm); dressée, isolée ou en touffes.

Feuille : linéaire, les 1-2 supérieures réduites aux gaines.

Fleur : en épillet terminal, soit solitaire, soit en glomérule ou en ombelle, sous-tendu par une ou plusieurs bractées; munie de soies blanches à maturité; floraison printanière ou estivale.

Fruit : akène triangulaire.

Habitat : tourbières, marécages.

Distribution : générale, très nordique.

FIGURE 122

A *Carex sp.*

B **GRAMINÉES**

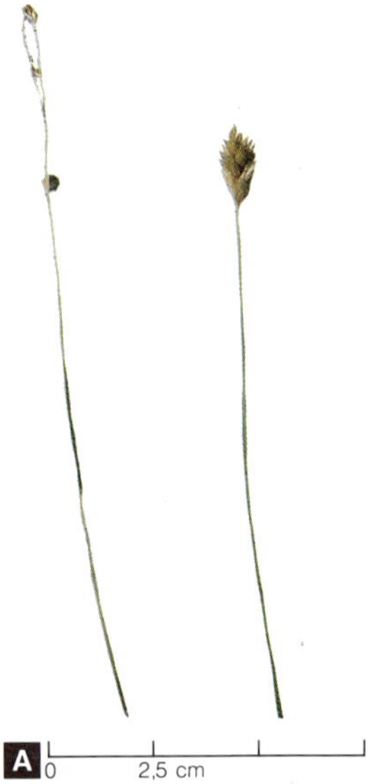

Carex sp.

CAREX ou LAÎCHE

Tige : (haut. généralement 7-120 cm); triangulaire, sans nœud.

Feuille : sur trois rangs, généralement linéaire, pointue, parfois coupante.

Fleur : solitaire à l'aisselle de petites bractées; épis diversement constitués.

Fruit : akène triangulaire ou lenticulaire.

Distribution : générale, très nordique.

*(**Note :** plante ayant l'aspect d'une graminée dans sa partie végétative.)*

GRAMINÉES

Tige : ronde, creuse, avec des noeuds.

Feuille : rappelant un ruban, gaine enveloppant la tige et fendue sur un côté.

Fleur : en épi, en grappe ou en panicule et regroupant des épillets.

Fruit : à une graine, soudée aux parois du fruit.

Distribution : générale, très nordique.

*(**Note :** chiendent, mil, pâturin, fétuque par exemple.)*

FIGURE 123

A CORALLORHIZE MACULÉE

B ÉPIPACTIS PETIT-HELLÉBORE

A 0 4 cm

B 0 10 cm

Corallorhiza maculata Raf.

CORALLORHIZE MACULÉE

Hampe : (haut. 20-45 cm); forte, généralement pourpre.

Feuille : écaille engainante.

Fleur : brun pourpre, en grappe terminale; labelle trilobé, blanc tacheté de rouge et rayé de rouge cramoisi, parfois tout blanc; floraison estivale.

Habitat : humus et bois pourris.

Distribution : zone de la forêt feuillue, zone de la forêt mélangée au sud du Saint-Laurent, le long du Saguenay, au Lac-Saint-Jean et sur l'île d'Anticosti.

*(**Note :** plante saprophyte.)*

Épipactis helleborine (L.) Crantz

ÉPIPACTIS PETIT-HELLÉBORE

Tige : (haut. 30-60 cm); pubescente supérieurement.

Feuille : embrassante; les inférieures très larges, les supérieures lancéolées.

Fleur : jaune verdâtre tirant sur le pourpre, en grappe terminale; floraison estivale et automnale.

Habitat : bois secs à frais, alluvions.

Distribution : zone de la forêt feuillue.

*(**Note :** plante introduite d'Eurasie.)*

FIGURE **124**

A **CYPRIPÈDE ACAULE:** plante entière

B **CYPRIPÈDE ACAULE, CYPRIPÈDE ROYAL, CYPRIPÈDE SOULIER:** comparaison des fleurs

A 0 5 cm

B 0 1,75 cm

Cypripedium acaule Ait.
CYPRIPÈDE ACAULE (sabot de la Vierge)
Hampe : (haut. 30-45 cm).
Feuille : 2; basilaire, sessile.
Fleur : unique; pétale du milieu en forme de sac (sabot) fendu à l'avant, rose ou parfois blanc; floraison printanière.
Fruit : capsule dressée, arquée.
Habitat : varié, généralement sur sols acides.
Distribution : générale, jusqu'au 51° de latitude.

Cypripedium calceolus L.
CYPRIPÈDE SOULIER (sabot de la Vierge, cypripède jaune, sabot jaune)
Caractères distinctifs :
Tige : (haut. 20-70 cm); dressée, portant plus de deux feuilles.
Fleur : sabot jaune.
Habitat : lieux calcaires; bois, marécages, rives.

Cypripedium reginae Walt.
CYPRIPÈDE ROYAL
Caractères distinctifs :
Tige : (haut. 40-80 cm); dressée, forte, garnie de poils, feuillée jusqu'au sommet (5-7 feuilles).
Fleur : sabot blanc, mais panaché de rouge.
Habitat : marais, tourbières, bois humides, lieux souvent calcaires.
Distribution : jusqu'au 49° de latitude.

FIGURE 125

A VÉRÂTRE VERT

B GOODYÉRIE RAMPANTE

Veratrum viride Ait.

VÉRÂTRE VERT (tabac du diable)

Tige : (haut. 60-200 cm); simple, pubescente, très feuillée.

Feuille : engainante, fortement nervée, plissée; les inférieures largement ovales, les supérieures de plus en plus étroites.

Fleur : panicule pyramidale, jaune verdâtre; floraison printanière.

Fruit : capsule trilobée, aplatie, largement ailée.

Habitat : lieux ouverts et humides; rives, pâturages.

Distribution : de part et d'autre du Saint-Laurent; Gaspésie, Côte-Nord.

Goodyera repens (L.) R. Br.

GOODYÉRIE RAMPANTE

Hampe : (haut. 10-20 cm); pubescente surtout au sommet; rhizome superficiel.

Feuille : basilaire, brusquement acuminée; souvent panachée de blanc et rappelant une peau de serpent.

Fleur : en épi unilatéral lâche; labelle en forme de sac, à pointe allongée, à bords recourbés; floraison estivale.

Habitat : bois de conifères et mélangés.

Distribution : générale, nordique, atteint le 56° de latitude.

FIGURE **126**

A **SARRACÉNIE POURPRE :** feuille et fleurs

B **ARISÉMA ROUGE-FONCÉ :** rhizome et fleurs

Sarracenia purpurea L.

SARRACÉNIE POURPRE (petits cochons)

Feuille : en forme de trompette, couverte de poils raides intérieurement, veinée de pourpre ou complètement verte, disposée en rosette, souvent cachée dans les sphaignes.

Hampe : (haut. 30-60 cm).

Fleur : solitaire, penchée, pourpre, s'élevant du centre de la rosette; floraison printanière.

Habitat : tourbières, rivages tourbeux.

Distribution : générale, atteint le 53° de latitude.

*(**Note :** plante carnivore.)*

Arisaema atrorubens (Ait.) Blume

ARISÉMA ROUGE-FONCÉ (petit prêcheur)

Rhizome : hémisphérique, goût irritant.

Feuille : 2; trifoliée, entière, quelquefois lobée portée sur un long pétiole (haut. 20-100 cm).

Fleur : bâtonnet presque cylindrique (spadice), entouré d'une bractée en forme de tube à languette repliée; floraison printanière.

Fruit : baie lisse, brillante, écarlate, formant une masse ovoïde.

Habitat : bois humides; bords de cours d'eau.

Distribution : zone de la forêt feuillue, zone de la forêt mélangée au sud du Saint-Laurent, le long du Saguenay et au Lac-Saint-Jean.

L ES LYCOPODES, PRÊLES ET FOUGÈRES

FIGURE 127

A LYCOPODE INNOVANT

B *Lycopodium flabelliforme* (Fern.) Blanch.

Lycopodium annotinum L.

LYCOPODE INNOVANT

Tige : (long. 1 m et plus); rampante, raide; émet des rameaux verticaux (haut. 15-25 cm), les fertiles portent un épi terminal.

Feuille : en 8 rangées sur le rameau, dentée, vert clair.

Fruit : épi sessile, solitaire.

Habitat : forêts de conifères et mélangées; clairières plus au nord; lieux secs; milieux rocheux.

Distribution : générale, très nordique.

Lycopodium complanatum L.

LYCOPODE APLATI

Tige : presque nulle, rameau aérien court (haut. 5-10 cm), irrégulièrement buissonneux; pousse annuelle à l'extrémité des ramifications.

Feuille : sur les ramifications; petite, aplatie, sur 4 rangs.

Fruit : épi pédonculé, solitaire, parfois 2 ou 3.

Habitat : bois feuillus ou de conifères; clairières plus au nord; lieux sablonneux et secs.

Distribution : générale, très nordique.

*(**Note :** L. flabelliforme* (Fern.) Blanch. *remplace le lycopode aplati dans la plaine alluviale du St-Laurent et s'en différencie facilement par ses épis au nombre de 4 ou 5.)*

FIGURE **128**

A **LYCOPODE CLAVIFORME**

B **LYCOPODE FONCÉ**

Lycopodium clavatum L.

LYCOPODE CLAVIFORME (courants verts)

Tige : (long. 1-4 m); rampante; feuilles denses; ramification en zigzag.

Feuille : linéaire, avec une longue soie blanche terminale.

Fruit : épi, assez long, pédicellé, un ou plusieurs, porté sur un pédoncule long et fort.

Habitat : généralement dans les lieux ouverts, sablonneux et secs; parfois dans les lieux humides; bois mélangés ou de conifères.

Distribution : générale, nordique, atteint l'Ungava.

Lycopodium obscurum L.

LYCOPODE FONCÉ

Tige : souterraine, produisant des rameaux aériens, dressés, (haut. 12-25 cm) ressemblant à de petits arbres.

Feuille : celles des branches supérieures sur 6 rangs; petite, linéaire, pointue.

Fruit : épi sessile, un ou plusieurs, terminant le rameau.

Habitat : varié; forêts feuillues, mélangées ou clairières.

Distribution : générale, atteint le 57° de latitude.

FIGURE 129

A **LYCOPODE BRILLANT :** tiges

B **LYCOPODE BRILLANT :** partie supérieure d'une tige

C **PRÊLE :** tige stérile d'*Equisetum sylvaticum* L.

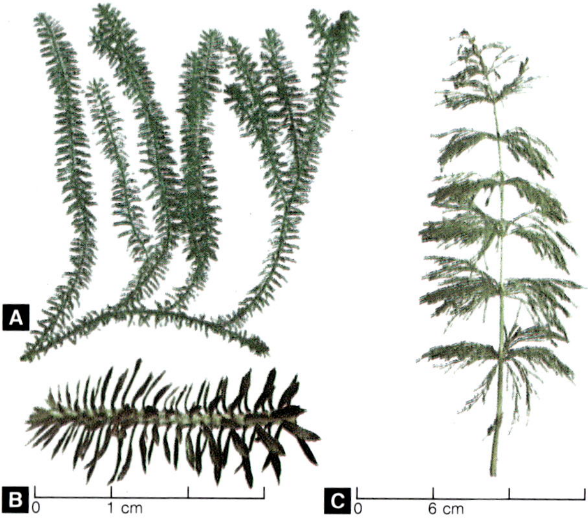

Lycopodium lucidulum Michx.

LYCOPODE BRILLANT

Tige : (long. 10-20 cm); rampante entièrement feuillée, s'incurvant, se dressant verticalement, se divisant 1-3 fois.

Feuille : vert foncé, luisante, pointue, dentée.

Fruit : bulbille à l'aisselle des feuilles supérieures.

Habitat : varié; érablières, bois mélangés ou de conifères.

Distribution : générale, atteint le 51° de latitude.

Equisetum sp.

PRÊLE

Tige : (haut. 10-150 cm); creuse, stérile ou fertile.

Feuille : verticillée, plus ou moins nombreuses.

Fruit : sporanges nombreux, en épi terminal, sur une tige nue ou feuillée.

Distribution : générale, très nordique.

FIGURE **130**

A **OSMONDE DE CLAYTON :** fructification sur le milieu de la fronde fructifère

B **OSMONDE CANNELLE :** frondes : végétative et fructifère

Osmunda claytoniana L.

OSMONDE DE CLAYTON

Fronde : (haut. 30-200 cm); groupée en couronne, fructifère généralement à l'intérieur; végétative à l'extérieur, oblongue-lancéolée.

Segment : pinnatiséqué, segment secondaire à bout arrondi.

Fruit : fronde fructifère vers le milieu, par paire de 2-5.

Habitat : lieux humides ou frais; bois feuillus ou mélangés, clairières, pâturages, fossés, platières de rivières.

Distribution : générale, atteint le 54° de latitude.

Osmunda cinnamomea L.

OSMONDE CANNELLE

Fronde : (haut. 50-150 cm); en couronne, fructifère à l'intérieur, végétative à l'extérieur; oblongue-lancéolée.

Segment : pinnatiséqué, segment secondaire en pointe arrondie.

Fruit : fronde exclusivement fructifère; au sommet d'une tige, longue, nue, rigide et dressée.

Habitat : bois et taillis humides; pâturages, sols tourbeux.

Distribution : zones des forêts feuillue et mélangée; aussi sur la Côte-Nord.

FIGURE **131**

A **OSMONDE ROYALE**

B **ONOCLÉE SENSIBLE**

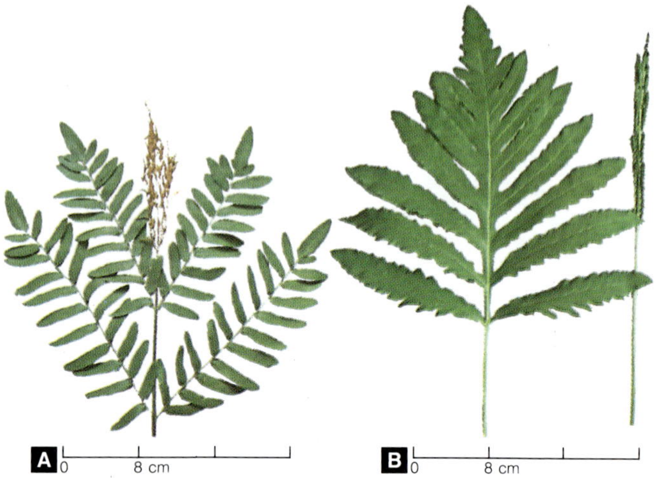

Osmunda regalis L.

OSMONDE ROYALE

Fronde : (haut. 20-300 cm); très grande, en grand nombre, bipinnatiséquée; rhizome très gros.

Segment secondaire : opposé; feuilles oblongues, bout arrondi, paraissant pétiolées.

Fruit : en une panicule terminale, sur des frondes non exclusivement fructifères.

Habitat : bois et taillis humides; forêts humides, cédrières, sols tourbeux.

Distribution : générale, jusqu'au 53° de latitude.

Onoclea sensibilis L.

ONOCLÉE SENSIBLE

Fronde : (haut. 30-150 cm); l'une purement fructifère; l'autre purement végétative, triangulaire à segments dentés ou ondulés.

Fruit : sores réunis en chapelet au sommet d'une tige nue et raide, paraissant à la fin de l'été.

Habitat : lieux très humides, inondés; taillis et forêts humides, berges de rivières, marécages, pâturages.

Distribution : générale, au sud d'une ligne reliant la rivière Rupert à Goose Bay, atteint le 53° de latitude.

FIGURE **132**

ATHYRIUM FOUGÈRE-FEMELLE

A Fronde, partie feuillée

B Fructification sur segments secondaires

A

B

Athyrium filix-femina (L.) Roth

ATHYRIUM FOUGÈRE-FEMELLE

Fronde : (haut. 30-90 cm); en touffes, oblongue, ovale, bout pointu, bipinnatiséquée; segment primaire (long. 10-30 cm).

Fruit : sore en forme de virgule, au dos des segments, de chaque côté de la nervure médiane.

Habitat : bois humides, clairières.

Distribution : générale, atteint le 57° de latitude.

FIGURE **133**

DENNSTAEDTIE À LOBULES PONCTUÉS

A Milieu de la fronde

B Fructification sur segments secondaires

A 0 4 cm

B 0 1 cm

Dennstaedtia punctilobula (Michx.) Moore
DENNSTAEDTIE À LOBULES PONCTUÉS

Fronde : pubescente, glanduleuse, ovée-lancéolée, acuminée, odorante.

Segment secondaire : dents arrondies.

Fruit : sore saillant, en forme de point, marginal, à la base des sinus, au dos des segments secondaires.

Habitat : lieux plutôt secs; érablières, clairières, bûchés ou pâturages.

Distribution : zone de la forêt feuillue.

FIGURE 134

A POLYPODE DE VIRGINIE

B POLYSTIC FAUX-ACROSTIC

Polypodium virginianum L.

POLYPODE DE VIRGINIE (tripe de roche)

Fronde : (haut. 5-26 cm); oblongue-lancéolée; segments non divisés; pétiole articulé sur le rhizome; dessus vert foncé, dessous vert pâle.

Fructification : sore orangé, au dos des segments primaires, en deux rangées presque marginales.

Habitat : lieux secs et ombragés, le plus souvent sur des rochers.

Distribution : générale, atteint le 56° de latitude.

Polystichum acrostichoides (Michx.) Schott

POLYSTIC FAUX-ACROSTIC

Fronde : (haut. 15-40 cm); vert foncé, pinnatiséquée; pétiole écailleux; persistante en hiver.

Segment primaire : paraissant pétiolé, oblong, obtus; coriace et luisant; lobé à la base.

Fruit : petit sore au dos des segments supérieurs devenant contractés par l'abondance des fructifications.

Habitat : érablières; sites pierreux et rocailleux.

Distribution : domaines des érablières à caryer et à tilleul.

FIGURE **135**

POLYSTIC DE BRAUN

A Limbe

B Segment primaire

Polystichum braunii (Spenner) Fée

POLYSTIC DE BRAUN

Fronde : (haut. 30-60 cm); vert foncé, se flétrissant durant l'hiver, ovée-lancéolée, bipinnatiséquée; écailles ou poils bruns sur les deux faces.

Fruit : petit sore au dos des segments, rapproché de la nervure médiane.

Habitat : talus et ravins ombragés des érablières.

Distribution : basses-terres du Saint-Laurent et au sud de ce dernier, jusqu'à l'île d'Anticosti.

FIGURE **136**

PTÉRIDIUM DES AIGLES

Pteridium aquilinum (L.) Kuhn

PTÉRIDIUM DES AIGLES (grande fougère)

Fronde: triangulaire, très grande, coriace; pétiole (long. 30-150 cm).

Limbe: (larg. 30-90 cm); presque horizontal, divisé en trois segments primaires; segment secondaire à dents arrondies.

Fruit: sores marginaux formant une ligne continue, recouverts par l'enroulement des bords du limbe.

Habitat: lieux secs et ouverts; champs abandonnés, brûlis, clairières.

Distribution: générale et très commune; atteint le 51° de latitude.

FIGURE **137**

ADIANTE PÉDALÉ

Adiantum pedatum L.

ADIANTE PÉDALÉ (capillaire du Canada)

Fronde : en forme d'éventail; pétiole bifurqué, grêle, noirâtre, brillant, coriace.

Segment primaire : oblong, obtus; segment secondaire semblable à des moitiés de feuilles; rebord supérieur portant les fructifications.

Fruit : marginal, recouvert par les lobes des segments.

Habitat : érablières riches.

Distribution : zones des forêts feuillue et mélangée au sud du Québec.

FIGURE **138**

DRYOPTÉRIDE SPINULEUSE

A Fronde

B Fructification sur segment secondaire

Dryopteris spinulosa (O. F. Muell.) Watt

DRYOPTÉRIDE SPINULEUSE

Fronde : (haut. 30-100 cm); couronne incomplète; limbe ové-lancéolé, acuminé, pétiole quelquefois écailleux.

Segment secondaire : obliquement inséré, à dents épineuses et arquées.

Fruit : sore réniforme au dos des segments.

Habitat : bois humides ou marécageux, taillis.

Distribution : générale, nordique, atteint l'Ungava.

FIGURE 139

DRYOPTÉRIDE DE GOLDIE

A Limbe

B Segment primaire

Dryopteris goldiana (Hook.) A. Gray

DRYOPTÉRIDE DE GOLDIE

Fronde : en couronne, très grande; limbe (haut. 60-120 cm) largement ové, base large; pétiole long.

Segment primaire : large au milieu, portant environ 20 lobes dentés.

Fruit : sore, réniforme, en deux rangées, près de la nervure médiane, au dos des segments.

Habitat : érablières; bois riches; talus rocheux, calcaires.

Distribution : domaines des érablières à caryer et à tilleul, jusqu'à Rivière-du-Loup.

FIGURE **140**

A **DRYOPTÉRIDE ACCRÊTÉE :** limbe d'une fronde fructifère

B **DRYOPTÉRIDE MARGINALE :** fructification sur segments secondaires

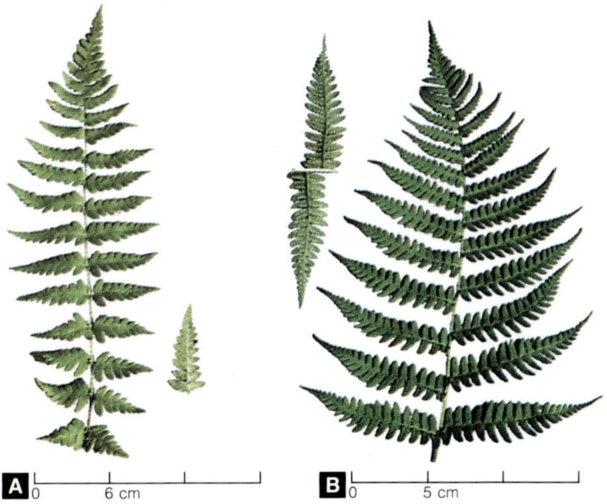

Dryopteris cristata (L.) A. Gray

DRYOPTÉRIDE ACCRÊTÉE

Fronde : étroite, acuminée, pétiolée, persistante; certaines végétatives, d'autres fructifères plus grandes.

Segment : court, triangulaire, lobé, denté.

Fruit : sore, en petit nombre, au dos des segments, en deux rangées le long de la ligne médiane du lobe.

Habitat : lieux humides; forêts de conifères, cédrières, pacages.

Distribution : zones des forêts feuillue et mélangée, quelques stations dans la zone de la forêt boréale.

Dryopteris marginalis (L.) A. Gray

DRYOPTÉRIDE MARGINALE

Fronde : persistante, coriace, en couronne, vert bleuâtre; limbe ové-oblong, acuminé.

Segment : élargi au milieu, aigu, à lobes crénelés-dentés.

Fruit : sore, distant, en marge, côté inférieur autour des lobes.

Habitat : généralement dans les bois ombragés, commun.

Distribution : forêt feuillue; quelques stations plus au nord, le long du Saint-Laurent jusqu'à Rimouski, au Lac-Saint-Jean.

FIGURE **141**

A **DRYOPTÉRIDE DU HÊTRE :** fronde, côté inférieur montrant la fructification

B **DRYOPTÉRIDE DISJOINTE**

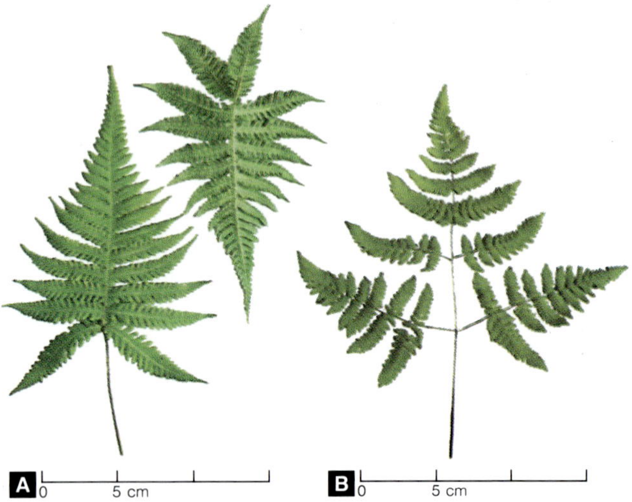

Dryopteris phegopteris (L.) C. Chr.

DRYOPTÉRIDE DU HÊTRE

Fronde : limbe triangulaire (haut. 8-26 cm), pinnatiséquée, pétiole écailleux, nervures centrales et secondaires légèrement écailleuses.

Segment primaire : acuminé, lobé; la paire inférieure de segments écartée du limbe, avancée et pointant vers le sol.

Fruit : sore vert jaunâtre, très petit, presque marginal.

Habitat : bois rocheux et frais.

Distribution : générale, nordique, atteint l'Ungava.

Dryopteris disjuncta (Rupr.) Morton

DRYOPTÉRIDE DISJOINTE

Fronde : délicate, petite; pétiole jaunâtre, écailleux au bas; limbe triangulaire, large, deux ou trois fois pinnatiséqué, semble divisé en trois.

Segment primaire : à angle droit avec la nervure centrale; lobe denté.

Fruit : sore réniforme au dos des segments.

Habitat : bois rocheux.

Distribution : générale, nordique, atteint le 57° de latitude.

FIGURE **142**

DRYOPTÉRIDE DE NEW YORK

A Fronde **C** Fructification

B Segment primaire

Dryopteris noveboracensis (L.) A. Gray

DRYOPTÉRIDE DE NEW YORK

Fronde : vert jaunâtre, délicate, pétiole court; limbe (long. 30-60 cm) lancéolé, acuminé, diminuant graduellement des deux bouts.

Segment primaire : lobé, cilié.

Fruit : sore réniforme, terminant les nervures secondaires, au dos du lobe.

Habitat : forêts et taillis humides, clairières.

Distribution : zones des forêts feuillue et mélangée, le long du Saint-Laurent jusqu'à Tadoussac.

FIGURE 143

A **BOTRYCHE DE VIRGINIE**

B **MATTEUCCIE FOUGÈRE-À-L'AUTRUCHE:** fronde fructifère

Botrychium virginianum (L.) Sw.

BOTRYCHE DE VIRGINIE

Tige: (haut. 30-80 cm).

Fronde: mince, largement deltoïde, divisée en trois segments feuillés presque horizontaux, partant du milieu de la tige.

Segment primaire: très divisé; lobe découpé.

Fruit: panicule triangulaire, terminale, pédonculée, dressée verticalement au-dessus du limbe.

Habitat: bois feuillus ou de conifères, parfois en lieux ouverts et humides; espèce calcicole vers le nord.

Distribution: générale; jusqu'au 53° de latitude.

Matteuccia struthiopteris (L.) Todaro

MATTEUCCIE FOUGÈRE-À-L'AUTRUCHE

Fronde: en couronne serrée; fronde végétative (haut. 60-230 cm), largement lancéolée, rétrécie à la base, pinnatiséquée; fronde fructifère non feuillée (long. 30-50 cm).

Segment primaire: long, aigu, pinnatifide, lobe obtus.

Fruit: groupe de sores porté au sommet d'une fronde brun foncé et coriace.

Habitat: forêts humides; lieux inondés au printemps; bords de cours d'eau.

Distribution: fréquente dans la zone de la forêt feuillue et en Gaspésie; présente au sud du 51° de latitude.

LES MOUSSES, HÉPATIQUES ET LICHENS

FIGURE **144**

A **MNIE :** en groupe

B **POLYTRIC :** en groupe et avec tiges isolées

A 0 3 cm

B 0 2,5 cm

Mnium sp.

MNIE

Mousse : vert foncé, formant des touffes larges et abondantes.

Tige : peu ramifiée, feutrée de poils bruns à la base et souvent terminée au sommet par une rosette.

Feuille : large, obovale à ovale-oblongue, dentée ou entière, fréquemment crispée ou tordue à la dessication.

Distribution : générale.

Polytrichum sp.

POLYTRIC

Mousse : ordinairement robuste, en touffe lâche ou en tapis dense, vert clair à foncé ou glauque, puis brunissant.

Tige : longue, simple ou peu divisée, dressée.

Feuille : dressée, étalée à l'humidité, appliquée à la tige et rigide à l'état sec; linéaire-lancéolée et munie d'une gaine transparente.

Fruit : capsule renflée à la base, couverte d'une coiffe densément velue.

Distribution : générale.

FIGURE 145

A DICRANE : en groupe et tige isolée

B CLIMACIE ARBUSTIVE

Dicranum sp.

DICRANE

Mousse : en touffe, formant souvent d'épais coussins.

Tige : dressée ou ascendante, garnie de radicules brunâtres ou blanchâtres, surtout à la base.

Feuille : oblongue-linéaire, généralement courbée en forme de faux.

Fruit : capsule partiellement recouverte d'une coiffe lisse et persistante.

Distribution : générale.

Climacium dendroides (Hedw.) Web. & Mohr.

CLIMACIE ARBUSTIVE

Mousse : se présente sous forme de petit arbre, vert foncé à vert jaunâtre, plus ou moins rapproché et relié par une tige souterraine.

Tige : aérienne dressée, en partie brun rougeâtre, noirâtre à la base, ramifiée seulement dans le tronçon supérieur.

Feuille : très variable, écailleuse dans le bas, plissée, oblongue-obtuse et grossièrement dentée au niveau des premiers rameaux, puis ovale, cucullée et denticulée au sommet.

Habitat : forêts de conifères.

Distribution : générale.

FIGURE 146

A HYPNE ÉCLATANTE

B HYPNE DE SCHREBER

A 0 1 cm

B 0 1 cm

Hylocomium splendens (Hedw.) B.S.G.

HYPNE ÉCLATANTE ou HYPNE BRILLANTE

Mousse : couvre de grandes étendues, d'abord vert-jaune et brillant, puis devenant mat, vert olivâtre à brunâtre.

Tige : rouge ou brune, couverte de feuilles vertes, écailleuses; branches ramifiées en escalier.

Habitat : forêts de conifères.

Distribution : générale.

Pleurozium schreberi (Brid.) Mitt.

HYPNE DE SCHREBER ou HYPNE DORÉE

Mousse : couvre de grandes étendues, disposée en touffe lâche d'un vert jaunâtre, brillant.

Tige : branche rougeâtre devenant rouge vif à l'humidité; rameau plus ou moins penné, parfois sur deux rangs.

Feuille : sur la tige : imbriquée, concave, ovale-oblongue et arrondie au sommet; sur le rameau : étroite, prenant la forme d'une saucière renversée pourvue d'un bec droit ou courbé.

Habitat : varié, forêts de conifères.

Distribution : générale.

*(**Note :** syn. Calliergon schreberi (B.S.G.) Grout.)*

FIGURE 147

A **HYPNE CIMIER**

B **SPHAIGNE :** tiges isolées

Ptilium crista-castrensis (Hedw.) De Not.

HYPNE CIMIER ou HYPNE PLUMEUSE

Mousse : vert clair, ressemble à une plume.

Tige : simple ou bifurquée, dressée, régulièrement pennée, extrémité recourbée.

Feuille : sur les tiges : en forme de faux, plissée sur le long et graduellement acuminée; sur les rameaux : similaire mais plus petite.

Habitat : forêts de conifères.

Distribution : générale.

Sphagnum sp.

SPHAIGNE

Mousse : en formation dense, serrée et produisant d'épais coussins.

Tige : simple ou peu ramifiée; la partie supérieure s'allonge continuellement pendant que la base meurt progressivement.

Rameau : court et serré au sommet, sur les côtés fasciculés par groupe de 3 à 12, les uns étalés et les autres pendants.

Fruit : capsule globuleuse à ovale, brune ou noirâtre.

Habitat : sols humides, tourbeux.

Distribution : générale.

FIGURE 148

A **HYPNE TRIANGULAIRE**

A 0 0,5 cm

Rhythidiadelphus triquetrus (Hedw.) Warnst.

HYPNE TRIANGULAIRE

Mousse : d'aspect étriqué, forme des colonies lâches ou un tapis rampant.

Tige : dressée ou oblique.

Feuille : large, triangulaire, plissée longitudinalement, pointe souvent courbée vers l'extérieur; nervure double et longue.

Habitat : forêts humides, cédrières.

Distribution : générale, au sud du 55° de latitude.

FIGURE **149**

A **BAZZANIE TRILOBÉE:** groupe

B **CLADINE ÉTOILÉE**

A 0 2,5 cm

B 0 4 cm

Bazzania trilobata (L.) S.F. Gray

BAZZANIE TRILOBÉE

Hépatique: vert gazon ou vert olivâtre, forme par ses touffes larges des coussins ou des plages dans le tapis des mousses.

Feuille: disposée sur deux rangs, remarquable par ses trois grosses dents ou courts lobes.

Tige et branche: longue, pourvue à la face inférieure de très petites feuilles (ou amphigastres) aussi larges que longues sur la face ventrale des tiges.

Habitat: sous-bois résineux ou mélangés, frais à humides.

Distribution: générale.

Cladina stellaris (Opiz) Brodo

CLADINE ÉTOILÉE

Lichen: gris-jaune verdâtre, sans tige principale distincte, forme des masses compactes, distinctes, ressemblant à des coraux ou à un chou-fleur, séparées ou groupées.

Branche: fine, enchevêtrée; rameau terminal en forme d'étoile, à pointes brunes à noirâtres.

Habitat: lieux ouverts et secs.

Distribution: générale; plus abondante au nord du 50°.

FIGURE **150**

A **CLADINE RANGIFÈRE**

B **CLADINE DOUCE**

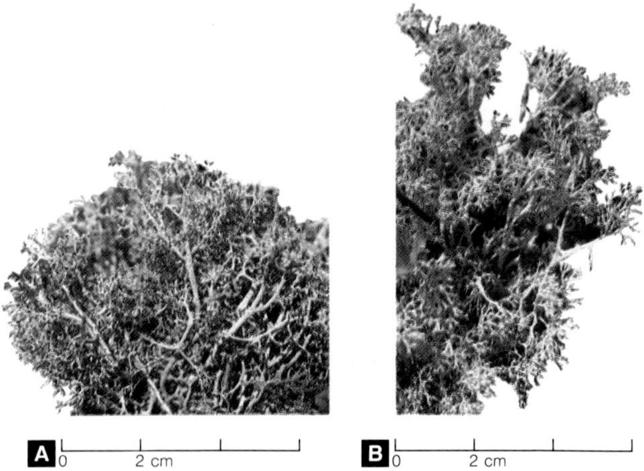

Cladina rangiferina (L.) Nyl.

CLADINE RANGIFÈRE (mousse à caribous)

Lichen : gris cendre, forme des colonies denses et dispersées.

Tige : distincte, très ramifiée; rameau terminal à pointes brunes à noirâtres.

Habitat : lieux ouverts et secs.

Distribution : générale; plus abondante au nord du 50°.

Cladina mitis (Sandst.) Hustich

CLADINE DOUCE

Lichen : couleur jaune verdâtre, forme des colonies denses généralement dispersées mais parfois étendues; ramifications terminales plus fines que *C. rangiferina*.

Habitat : lieux ouverts et secs.

Distribution : générale; très fréquente au nord du 50°.

BIBLIOGRAPHIE

Anonyme, 1966. *Arbres Indigènes du Canada.*
Ministère des Forêts et du Développement rural, Ottawa.

Bureau des traductions, Division de la recherche terminologique et linguistique, Flore du Canada, Bulletin de terminologie n° 150 (anglais-latin-français), Secrétariat d'état, Ottawa, nov. 74, 634 p.

Crum H.A. & L.E. Anderson, 1981. *Mosses of Eastern North America.*
2 volumes, Columbia University Press, New York.

Fernald M.L., 1950. *Gray's Manual of Botany.*
Eighth edition, American Book Company.

Grandtner M.M., 1966. *La végétation du Québec méridional.*
Les Presses de l'Université Laval, Québec.

Grandtner M.M., 1970. *Notes de cours de dendrologie.*
Université Laval.

Lamoureux G. *et al.*, 1975. *Plantes sauvages printanières.*
Éditeur officiel du Québec.

Le groupe Fleurbec, 1981. *Plantes sauvages comestibles.*
Fleurbec éditeur.

Le groupe Fleurbec, 1987. *Plantes sauvages des lacs, rivières et tourbières.*
Fleurbec éditeur.

Le groupe Fleurbec, 1978. *Plantes sauvages des villes et des champs.*
Éditeur officiel du Québec.

Le groupe Fleurbec, 1983. *Plantes sauvages des villes, des champs et en bordure des chemins.*
Fleurbec éditeur.

Marie-Victorin, Fr., 1964. *Flore Laurentienne.* 2ième édition, entièrement revue et mise à jour par Ernest Rouleau. Les Presses de l'Université de Montréal.

Richard P.J.H., 1988. *La carte de végétation du Québec-Labrador.*
Formations et grands domaines. Département de géographie, Université de Montréal.

Rousseau C., 1974. *Géographie floristique du Québec/Labrador.*
Les Presses de l'Université Laval, Québec.

Rousseau C., 1968-1969. *Recherche sur la distribution des principales espèces de la flore vasculaire de la péninsule Québec-Labrador.*
Université Laval.

Scoggan H.J., 1979. *The flora of Canada.*
Musée national du Canada, Ottawa.

Smith J., 1970. *Clef artificielle pour l'identification des arbres et des arbustes du Québec.*
Ministère des Terres et Forêts, Service de la restauration forestière.

Thomson J. W., 1967. *The Lichen Genus Cladonia In North America.*
University of Toronto Press.

Thibault M., 1985. *Les régions écologiques du Québec méridional, deuxième approximation (carte).*
Ministère de l'Énergie et des Ressources, Québec.

Thomson J.W., 1984. *American Arctic Lichens.*
Volume 1, The Macrolichens, Columbia University Press, New York.

GLOSSAIRE

Acuminé : terminé en pointe allongée et effilée.

Aiguille : feuille très étroite et plus ou moins pointue des conifères.

Aisselle : point situé à l'intersection d'une feuille avec la tige ou avec un rameau.

Akène : fruit sec contenant une seule graine et ne s'ouvrant pas à maturité.

Alterne : disposé autour de la tige à des niveaux différents.

Apical : qui se rapporte au sommet ou à l'extrémité.

Arbrisseau : végétal ligneux de moins de 4 m de hauteur, ramifié dès la base.

Arbuste : végétal ligneux de moins de 7 m, offrant toutes les caractéristiques d'un arbre.

Articulé : formé de portions qui peuvent se séparer.

Aubier : partie tendre et pâle du bois, située entre le bois de cœur et l'écorce.

Axillaire : placé à l'aisselle d'une feuille ou d'un rameau.

Baie : fruit charnu à graines éparses dans la pulpe.

Basilaire : organe partant directement à la base de la plante.

Bipinnatiséqué : se dit d'une feuille d'abord pinnatiséquée, et dont les segments sont à leur tour pinnatiséqués.

Bractée : petit organe foliacé accompagnant la fleur ou le fruit et qui diffère des autres feuilles par sa couleur et sa forme.

Brou : partie charnue enveloppant la noix.

Bulbille : petit bulbe accompagnant les feuilles ou les fleurs.

Calice : ensemble des sépales d'une fleur.

Capitule : inflorescence formée de petites fleurs sessiles, serrées les unes contre les autres, donnant l'apparence d'une seule fleur.

Capsule : fruit sec s'ouvrant ou non.

Chaton : type d'inflorescence constitué par un épi allongé de petites fleurs.

Cilié : garni de poils donnant l'apparence de cils.

Cime : sommet d'un arbre.

Composée : feuille dont les divisions atteignent la nervure médiane.

Cône : type d'inflorescence, formé par des fleurs femelles ou fruits dont les graines sont cachées sous des écailles plus ou moins dures et placées autour d'un axe allongé.

Cordé : en forme de cœur.

Corymbe : type d'inflorescence où les fleurs, portées par des pédoncules de longueur inégale sur un axe principal, arrivent à peu près à la même hauteur.

Crénelé : muni de dents arrondies ou obtuses.

Cupule : enveloppe ayant la forme d'une petite coupe, couvrant plus ou moins certains fruits.

Cyme : type d'inflorescence formé d'axes terminaux aboutissant chacun à une seule fleur.

Déhiscence : action par laquelle un fruit s'ouvre spontanément à maturité.

Disamare : samare double.

Drupe : fruit charnu renfermant un noyau à une seule graine.

Drupéole : chacune des petites drupes, constituant un fruit composé comme la framboise.

Engainant : qui forme un étui autour d'un organe.

Entier : limbe foliaire nullement divisé ni denté.

Épillet : petit épi portant à la base une ou deux bractées.

Étamine : organe mâle de la fleur.

Faisceau : réunion de feuilles ou de fleurs liées ensemble et partant d'un même point.

Fascicule : ensemble de faisceaux.

Foliacé : qui a la consistance ou l'apparence d'une feuille.

Folié : partie d'une plante garnie de feuilles.

Foliole : chaque division du limbe d'une feuille composée.

Fronde : feuille d'une fougère.

Gaine : base élargie de la feuille se prolongeant sur la tige et l'entourant plus ou moins.

Glabre : dépourvu de poil.

Glande : petit organe sécrétant certaines substances.

Glanduleux : muni de glandes.

Globuleux : sphérique.

Glomérule : groupe de fleurs subsessiles réunies en masse serrée.

Grêle : long et menu.

Hampe : pédoncule florifère partant de la base de la plante et terminé par une fleur ou un groupe de fleurs.

Imbriqué : se dit des organes qui se recouvrent comme les tuiles d'un toit.

Inflorescence : disposition générale des fleurs sur la tige.

Labelle : pétale en forme de sac.

Lancéolé : en forme de lance.

Lenticelle : petit orifice aérifère généralement horizontal et saillant sur l'écorce des plantes ligneuses.

Liber : tissu situé entre l'écorce et l'aubier où circule la sève élaborée.

Limbe : partie élargie de la feuille.

Lobe : chacune des divisions d'un organe.

Nervure : filet souvent ramifié et saillant sur le limbe d'une feuille par où est transportée la sève.

Nucule : petite noix renfermant une seule graine.

Oblong : plus long que large.

Obové : en forme d'œuf mais avec la partie élargie au sommet.

Obtus : à sommet arrondi; non aigu.

Ombelle : type d'inflorescence où les pédoncules partent tous d'un même point pour s'élever au même niveau.

Orbiculaire : en forme de cercle.

Ové : en forme d'œuf.

Ovoïde : qui a la forme d'un œuf, mais avec la partie élargie à la base.

Panicule : type d'inflorescence dont les pédicelles sont décroissants à partir du bas.

Pédicelle : support de chaque fleur lorsque le pédoncule est ramifié.

Pédoncule : support d'une fleur ou d'un fruit.

Pennée : se dit d'une feuille composée dont les folioles sont disposées de chaque côté du pétiole comme les barbes d'une plume.

Perfolié : se dit des feuilles sessiles dont le limbe semble traversé par la tige.

Pétiole : support d'une feuille.

Pinnatifide : se dit d'une feuille à nervation pennée, où les divisions atteignent à peu près le milieu de chaque demi-limbe.

Pinnatiséqué : a les mêmes nervations que les pinnatifides, mais les divisions atteignent, ou presque, la nervure médiane.

Pistil : ensemble des pièces femelles d'une fleur.

Pubescent : garni de poils fins, courts, mous et lâches.

Pulpe : tissu charnu et succulent qui compose certains fruits.

Ramifié : divisé en plusieurs rameaux.

Ramille : petit rameau.

Réniforme : en forme de rein.

Samare : fruit sec à une seule graine, ailé et ne s'ouvrant pas.

Saprophyte : se dit d'un organisme qui vit au dépend de matières organiques en provoquant leur décomposition.

Segment : partie du limbe d'une fougère issue de la nervure principale appelée segment primaire, qui à son tour peut être divisée en segments secondaires.

Sessile : se dit de tout organe inséré sur un axe sans support, pétiole ou pédoncule.

Simple : feuille dont les sinus n'atteignent pas la nervure médiane.

Sinus : découpure du limbe d'une feuille située entre les lobes.

Sore : masse de sporanges de forme variée; visible à l'œil nu.

Sporange : minuscule sac renfermant les fructifications appelées spores chez les fougères, les prêles et les lycopodes.

Spore : corps reproducteur, ordinairement unicellulaire.

Stipule : petit appendice foliacé qui se trouve à la base des feuilles.

Terné : se dit d'une feuille ou d'une fronde composée de trois segments principaux.

Thyrse : panicule ovoïde dont les pédicelles du centre sont plus longs que ceux des extrémités.

Tomenteux : se dit d'un organe couvert d'une pubescence cotonneuse entremêlée et feutrée.

Unilatéral : sur un seul côté.

Végétative : qui est sans rapport avec les organes sexuels.

Verruqueux : qui porte des excroissances semblables à de petites verrues.

Verticille : ensemble de feuilles, fleurs ou fruits partant tous d'un même niveau de l'axe qui les porte.

Vésicule : organe ressemblant à une petite vessie ou à un petit sac.

Volubile : qui s'élève en s'enroulant autour d'un support.

L ISTE ALPHABÉTIQUE DES NOMS FRANÇAIS ANGLAIS ET LATINS

Actée à gros pédicelles
White Baneberry,
Thick-pedicled Baneberry
Actaea pachypoda Ell.

Actée rouge (pain ou poison de couleuvre)
Red Baneberry
Actaea rubra (Ait.) Willd.

Adiante pédalé (capillaire du Canada)
Maidenhair Fern
Adiantum pedatum L.

Ail trilobé (ail des bois)
Wild Leek
Allium tricoccum Ait.

Airelle à feuilles étroites (bleuets)
Blueberry, Low Sweet Blueberry
Vaccinium angustifolium Ait.

Airelle canneberge (atocas)
Small Cranberry
Vaccinium oxycoccos L.

Airelle fausse-myrtille (bleuets)
Blueberry, Canada Blueberry,
Sour-top-Blueberry
Vaccinium myrtilloides Michx.

Airelle vigne-d'Ida (pommes de terre, graines rouges)
Mountain Cranberry, Cowberry,
Rock-Cranberry
Vaccinium vitis-idaea L.

Amélanchier (petites poires)
Shadbush, Serviceberry
Amelanchier sp.

Anaphale marguerite (immortelle)
Life-everlasting, Pearly
Everlasting
Anaphalis margaritacea (L.)
Benth. & Hook.

Andromède glauque
Rosemary, Bog-Rosemary
Andromeda glaucophylla Link

Apocyn à feuilles d'androsème (herbe à la puce)
Spreading Dogbane
Apocynum androsaemifolium L.

Aralie à grappes (grande salsepareille)
Indian-root, Spikenard
Aralia racemosa L.

Aralie à tige nue (salsepareille)
Wild Sarsaparilla
Aralia nudicaulis L.

Aralie hispide (salsepareille)
Bristly Sarsaparilla
Aralia hispida Vent.

Ariséma rouge-foncé (petit prêcheur)
Jack-in-the-pulpit
Arisaema atrorubens (Ait.)
Blume

Aronia noir (gueules noires)
Black Chokeberry
Aronia melanocarpa (Michx.) Ell.

Asaret du Canada (gingembre sauvage)
Wild Ginger
Asarum canadense L.

Aster acuminé
Acuminate Aster
Aster acuminatus Michx.

Aster à grandes feuilles (pétouane)
Large-leaved Aster
Aster macrophyllus L.

Aster ponceau
Red-stalked Aster
Aster puniceus L.

Athyrium fougère-femelle
Lady-Fern
Athyrium filix-femina (L.) Roth

Aubépine
Hawthorn
Crataegus sp.

Aulne crispé
Green Alder
Alnus crispa (Ait.) Pursh var. *mollis* Fern.

Aulne rugueux (verne, vergne)
Speckled Alder
Alnus rugosa (Du Roi) Spreng. var. *americana* (Regel) Fern.

Bazzanie trilobée

Bazzania trilobata (L.) S.F. Gray.

Benoîte à grandes feuilles
Large-leaved Avens
Geum macrophyllum Willd.

Benoîte des ruisseaux (benoîte pourpre)
Water Avens
Geum rivale L.

Botryche de Virginie
Rattlesnake-Fern
Botrychium virginianum (L.) Sw.

Bouleau à papier ou bouleau blanc
White Birch, Paper Birch
Betula papyrifera Marsh.

Bouleau glanduleux
Glandular Birch, Dwarf Birch
Betula glandulosa Michx.

Bouleau gris ou bouleau à feuilles de peuplier
Grey Birch
Betula populifolia Marsh.

Bouleau jaune
Yellow Birch
Betula alleghaniensis Britton

Bouleau nain
Dwarf Birch, Low Birch
Betula pumila L.

Camarine noire (graines noires)
Black Crowberry
Empetrum nigrum L.

Carex ou laîche
Sedge
Carex sp.

Caryer cordiforme (caryer amer, noyer amer)
Bitternut Hickory
Carya cordiformis (Wangehn.) K. Koch

Caryer ovale (caryer blanc, noyer tendre, caryer à fruits doux)
Shagbark-Hickory
Carya ovata (Mill.) K. Koch

Chamédaphné caliculé (cassandre caliculé ou faux-bleuets)
Leather-Leaf
Chamaedaphne calyculata (L.) Moench

Caulophylle faux-pigamon
Blue Cohosh, Papoose-root
Caulophyllum thalictroides (L.) Michx.

Célastre grimpant (bourreau des arbres)
Climbing Bittersweet
Celastrus scandens L.

Cerisier de Pennsylvanie (petit merisier)
Pin Cherry, Bird-Cherry
Prunus pensylvanica L.f.

Cerisier de Virginie (cerisier à grappes)
Choke-Cherry
Prunus virginiana L.

Cerisier tardif (cerisier noir, cerisier d'automne)
Black-Cherry
Prunus serotina Ehrh.

Charme de Caroline (bois de fer)
Hornbeam, Blue Beach
Carpinus caroliniana Walt.

Chêne à gros fruits (chêne blanc frisé)
Bur Oak
Quercus macrocarpa Michx.

Chêne bicolore (chêne bleu)
Swamp-White Oak
Quercus bicolor Willd.

Chêne blanc
White Oak
Quercus alba L.

Chêne rouge
Red Oak
Quercus rubra L.

Chèvrefeuille du Canada
Fly-Honeysuckle
Lonicera canadensis Bartr. ex Marsh.

Chimaphile à ombelles (herbe à peigne)
Prince's Pine
Chimaphila umbellata (L.) Barton

Gaulthérie hispide (chiogène hispide ou petit thé)
Creeping Snowberry
Gaultheria hispidula (L.) Mühl. ex. Bigel.

Circée alpine
Enchanter's Nightshade
Circaea alpina L.

Circée de Lutèce
Enchanter's Nightshade
Circaea lutetiana L.

Cladine étoilée
Coral Lichen
Cladina stellaris (Opiz) Brodo

Cladine rangifère (mousse à caribous)
Reindeer Lichen, Reindeer Moss
Cladina rangiferina (L.) Nyl.

Cladine douce
Yellow-green Lichen
Cladina mitis (Sandst.) Hustich

Claytonie de Caroline
Spring-beauty
Claytonia caroliniana Michx.

Climacie arbustive
Northern Tree Moss
Climacium dendroides (Hedw.) Web. & Mohr.

Clintonie boréale
Yellow Clintonia, Blue bead-Lily
Clintonia borealis (Ait.) Raf.

Comptonie voyageuse
Sweet-Fern
Comptonia peregrina (L.) Coulter

Coptide du Groenland (savoyane)
Goldthread
Coptis groenlandica (Oeder) Fern.

Corallorhize maculée
Spotted Coral-root
Corallorhiza maculata Raf.

Cornouiller à feuilles alternes
Pagoda-Dogwood
Cornus alternifolia L.f.

Cornouiller du Canada (quatre-temps)
Dwarf Cornel, Bunch berry
Cornus canadensis L.

Cornouiller stolonifère (hart rouge)
Red Osier
Cornus stolonifera Michx.

Cypripède acaule (sabot de la Vierge)
Stemless Common Lady's-slipper
Cypripedium acaule Ait.

Cypripède royal
Showy Lady's-slipper
Cypripedium reginae Walt.

Cypripède soulier (sabot jaune, sabot de la Vierge)
Yellow Lady's-slipper
Cypripedium calceolus L.

Dalibarde rampante
Robin-run-away
Dalibarda repens L.

Dennstaedtie à lobules ponctués
Hay-scented Fern
Dennstaedtia punctilobula (Michx.) Moore

Dicentre à capuchon
Dutchman's-breeches
Dicentra cucullaria (L.) Bernh.

Dicentre du Canada
Squirrel-corn
Dicentra canadensis (Goldie) Walp.

Dicrane
Dicranum
Dicranum sp.

Dièreville chèvrefeuille (herbe bleue)
Bush Honeysuckle
Diervilla lonicera Mill.

Dirca des marais (bois de plomb)
Leather wood
Dirca palustris L.

Dryoptéride accrêtée
Crested wood-Fern
Dryopteris cristata (L.) *A. Gray*

Dryoptéride de Goldie
Goldie's Fern
Dryopteris goldiana (Hook.) A. Gray

Dryoptéride de New York
New York Fern
Dryopteris noveboracensis (L.) A Gray

Dryoptéride disjointe
Oak-Fern
Dryopteris disjuncta (Rupr.) Morton

Dryoptéride du hêtre
Long Beech-Fern
Dryopteris phegopteris (L.) C. Chr.

Dryoptéride marginale
Evergreen Shield-Fern,
Marginal Shield-Fern
Dryopteris marginalis (L.)
A. Gray

Dryoptéride spinuleuse
Spinulose Shield-Fern
Dryopteris spinulosa
(O.F. Muell.) Watt

Épifage de Virginie
Beech-drops
Epifagus virginiana (L.) Bart.

Épigée rampante
(fleur de mai)
Mayflower
Epigaea repens L.

Épilobe à feuilles étroites
(bouquets rouges)
Fireweed
Epilobium angustifolium L.

Épinette blanche
White Spruce
Picea glauca (Moench) Voss

Épinette de Norvège
Norway Spruce
Picea abies (L.) Karst.

Épinette noire
(épinette de savane)
Black Spruce
Picea mariana (Mill.) B.S.P.

Épinette rouge
Red Spruce
Picea rubens Sarg.

Épipactis petit-hellébore
Hellebore-like Epipactis,
Crantz Helleborine
Epipactis helleborine (L.)
Crantz

Érable à épis
(plaine bâtarde)
Mountain-Maple
Acer spicatum Lam.

Érable argenté
(plaine blanche)
Silver Maple
Acer saccharinum L.

Érable à sucre (érable franc)
Sugar-Maple
Acer saccharum Marsh.

Érable de Pennsylvanie
(bois d'orignal, bois barré)
Striped Maple
Acer pensylvanicum L.

Érable négondo
(érable à Giguère)
Manitoba Maple
Acer negundo L.

Érable rouge (plaine)
Red Maple
Acer rubrum L.

Érythrone d'Amérique
(ail doux)
Yellow Adder's-Tongue
Erythronium americanum
Ker-Gawl.

Eupatoire maculée
Joe-Pye-weed
Eupatorium maculatum L.

Eupatoire rugueuse
White Snakeroot
Eupatorium rugosum Houtt.

Frêne d'Amérique ou frêne
blanc (franc frêne)
White Ash
Fraxinus americana L.

Frêne de Pennsylvanie
(frêne rouge)
Red Ash
Fraxinus pennsylvanica
Marsh.

Frêne noir (frêne gras)
Black Ash
Fraxinus nigra Marsh.

Gadellier amer
Red Currant
Ribes triste Pallas

Gadellier glanduleux
Fetid Currant, Skunk-Currant
Ribes glandulosum Grauer

Gadellier lacustre
Swamp Black Currant
Ribes lacustre (Pers.) Poir.

Gaillet
Bedstraw
Galium sp.

Gaulthérie couchée (thé des bois)
Wintergreen, Checkerberry
Gaultheria procumbens L.

Genévrier commun (genièvre)
Common Juniper
Juniperus communis L.

Genévrier horizontal
Creeping Savin
Juniperus horizontalis Moench

Ginseng à cinq folioles (ginseng)
Ginseng
Panax quinquefolius L.

Ginseng à trois folioles (petit ginseng)
Dwarf Ginseng
Panax trifolius L.

Goodyérie rampante
Dwarf Rattlesnake Plantain
Goodyera repens (L.) R. Br.

Graminées
Grass

Hêtre à grandes feuilles
Beech, American Beech
Fagus grandifolia Ehrh.

Houx verticillé
Winterberry, Black Alder
Ilex verticillata (L.) A Gray

Hypne cimier ou hypne plumeuse
Plume Moss
Ptilium crista-castrensis (Hedw.) De Not

Hypne de Schreber ou hypne dorée
Schreber's Moss
Pleurozium schreberi (Brid.) Mitt.

Hypne éclatante ou hypne brillante
Step Moss
Hylocomium splendens (Hedw.) B.S.G.

Hypne triangulaire
Shaggy Moss
Rhythidiadelphus triquetrus (Hedw.) Warnst.

If du Canada
American Yew, Ground-Hemlock
Taxus canadensis Marsh.

Impatiente du Cap (chou sauvage)
Spotted Touch-me-not
Impatiens capensis Meerb.

Impatiente pâle
Pale Touch-me-not
Impatiens pallida Nutt.

Iris versicolore (clajeux)
Blue Flag
Iris versicolor L.

Kalmia à feuilles étroites (crevard de moutons)
Sheep-Laurel, Lambkill
Kalmia angustifolia L.

Laportéa du Canada (ortie du Canada)
Canada Nettle, Wood-Nettle
Laportea canadensis (L.) Wedd.

Lédon du Groenland (thé du Labrador)
Labrador Tea
Ledum groenlandicum Oeder

Linaigrette
Cotton-grass
Eriophorum sp.

Linnée boréale
Twin Flower
Linnaea borealis L.

Lycope uniflore
Bugleweed
Lycopus uniflorus Michx.

Lycopode aplati
Ground-Cedar
Lycopodium complanatum L.

Lycopode brillant
Shining Club-moss
Lycopodium lucidulum Michx.

Lycopode claviforme (courants verts)
Common Club-moss
Lycopodium clavatum L.

Lycopode foncé
Ground-Pine
Lycopodium obscurum L.

Lycopode innovant
Stiff Club-moss
Lycopodium annotinum L.

Maïanthème du Canada
Wild Lily-of-the-valley
Maianthemum canadense Desf.

Matteuccie fougère-à-l'autruche
Ostrich-Fern
Matteuccia struthiopteris (L.) Todaro

Médéole de Virginie (concombre sauvage)
Indian Cucumber-root
Medeola virginiana L.

Mélampyre linéaire
Narrow-leaved Cow-wheat, Cow-wheat
Melampyrum lineare Desr.

Mélèze laricin
Larch, Tamarack
Larix laricina (Du Roi) K. Koch

Micocoulier occidental (bois inconnu)
Hackberry, Sugarberry
Celtis occidentalis L.

Mitchella rampant (pain de perdrix)
Partridge-berry
Mitchella repens L.

Mitrelle à deux feuilles
Coolwort
Mitella diphylla L.

Mitrelle nue
Mitrewort
Mitella nuda L.

Mnie
Mnium
Mnium sp.

Monotrope du pin
Pinesap
Monotropa hypopithys L.

Monotrope uniflore
Indian-pipe
Monotropa uniflora L.

Myrique baumier (bois-sent-bon)
Sweet-Gale
Myrica gale L.

Némopanthe mucroné (faux houx)
Wild Holly, Mountain-Holly
Nemopanthus mucronatus (L.) Trel.

Nerprun à feuilles d'aulne
Alder-leaved Buckthorn
Rhamnus alnifolia L'Hér.

Noisetier à long bec (noisetier, coudrier)
Beaked Hazelnut
Corylus cornuta Marsh.

Noyer cendré (arbre à noix longues)
Butternut
Juglans cinerea L.

Onoclée sensible
Sensitive Fern
Onoclea sensibilis L.

Orme d'Amérique (orme blanc)
White Elm
Ulmus americana L.

Orme liège (orme de Thomas)
Rock-Elm
Ulmus thomasii Sarg.

Orme rouge (orme gras)
Slippery Elm, Red Elm
Ulmus rubra Mühl.

Osmonde cannelle
Cinnamon-Fern
Osmunda cinnamomea L.

Osmonde de Clayton
Interrupted Fern
Osmunda claytoniana L.

Osmonde royale
Royal Fern
Osmunda regalis L.

Osmorhize de Clayton
Hairy Sweet Cicely
Osmorhiza claytonii (Michx.) Clarke

Ostryer de Virginie (bois de fer)
Iron-wood, American Hop-Hornbeam
Ostrya virgiana (Mill.) K. Koch

Oxalide de montagne
Wood-Sorrel
Oxalis montana Raf.

Parthénocisse à cinq folioles (vigne vierge)
Virginia Creeper
Parthenocissus quinquefolia (L.) Planch.

Pétasite palmé
Sweet Coltsfoot
Petasites palmatus (Ait.) Gray

Peuplier à grandes dents (grand tremble)
Largetooth Aspen
Populus grandidentata Michx.

Peuplier baumier (baumier)
Balsam poplar
Populus balsamifera L.

Peuplier deltoïde (liard)
Cottonwood
Populus deltoides Bartr. ex Marsh.

Peuplier faux-tremble (tremble)
Trembling Aspen
Populus tremuloides Michx.

Pigamon dioïque
Early Meadow-Rue
Thalictrum dioicum L.

Pigamon pubescent
Meadow-Rue
Thalictrum pubescens Pursh

Pin blanc
White Pine
Pinus strobus L.

Pin dur
Pitch-Pine
Pinus rigida Mill.

Pin gris
Jack-Pine
Pinus banksiana Lamb.

Pin rouge
Red Pine
Pinus resinosa Ait.

Pin sylvestre ou pin d'Écosse
Scotch Pine
Pinus sylvestris L.

Polypode de Virginie (tripe de roche)
Rock-Polypody
Polypodium virginianum L.

Polystic de Braun
Braun's Holly Fern
Polystichum braunii (Spenner) Fée

Polystic faux-acrostic
Christmas Fern
Polystichum acrostichoides (Michx.) Schott

Polytric
Hair-Cap Moss
Polytrichum sp.

Prêle
Horsetail
Equisetum sp.

Prenanthe
Rattlesnake-root
Prenanthes sp.

Pruche du Canada (pruche de l'Est, pruche)
Eastern Hemlock
Tsuga canadensis (L.) Carr.

Ptéridium des aigles (grande fougère)
Bracken
Pteridium aquilinium (L.) Kuhn

Pyrole à feuilles d'asaret
Asarum-leaved Wintergreen, Pink Pyrola
Pyrola asarifolia Michx.

Pyrole elliptique
Shinleaf
Pyrola elliptica Nutt.

Pyrole unilatérale
One-sided Wintergreen
Pyrola secunda L.

Rhododendron du Canada (rhodora)
Canadian Rhododendron, Rhodora
Rhododendron canadense (L.) Torr.

Ronce du mont Ida (framboisier)
Raspberry, Red Raspberry
Rubus idaeus L.

Ronce odorante (framboisier sauvage)
Purple-flowering Raspberry
Rubus odoratus L.

Ronce petit-mûrier (chicoutés)
Cloudberry, Baked-apple-berry
Rubus chamaemorus L.

Ronce pubescente (catherinettes)
Dwarf Raspberry
Rubus pubescens Raf.

Sanguinaire du Canada (sang-dragon)
Blood root
Sanguinaria canadensis L.

Sapin baumier (sapin)
Balsam Fir
Abies balsamea (L.) Mill.

Sarracénie pourpre (petits cochons)
Pitcher-plant
Sarracenia purpurea L.

Saule
Willow
Salix sp.

Sceau-de-Salomon pubescent
Hairy Solomons-seal
Polygonatum pubescens (Wild.) Pursh

Shépherdie du Canada
Buffalo-berry, Soapberry
Shepherdia canadensis (L.) Nutt.

Smilacine à grappes
False spikenard
Smilacina racemosa (L.) Desf.

Smilacine étoilée
Star False Solomon's-seal
Smilacina stellata (L.) Desf.

Smilacine trifoliée
Three-leaved False Solomon's-seal
Smilacina trifolia (L.) Desf.

Sorbier d'Amérique (cormier, maskouabina)
American Mountain-Ash
Sorbus americana Marsh.

Sorbier des montagnes
Mountain-Ash
Sorbus decora (Sarg.) Schneid.

Sphaigne
Sphagnum
Sphagnum sp.

Spirée à larges feuilles (thé du Canada)
Meadow-sweet
Spiraea latifolia (Ait.) Borkh.

Streptope amplexicaule
Liverberry
Steptopus amplexifolius (L.) DC.

Streptope rose (rognons de coq)
Pink Twisted-stalk
Streptopus roseus Michx.

Sumac grimpant (herbe à la puce)
Poison Ivy
Rhus radicans L.

Sumac vinaigrier (vinaigrier)
Staghorn-Sumac
Rhus typhina L.

Sureau du Canada (sureau blanc)
Common Elder
Sambucus canadensis L.

Sureau pubescent (sureau rouge)
Red-berried Elder
Sambucus pubens Michx.

Thuya occidental (thuya de l'Est, cèdre)
White Cedar
Thuja occidentalis L.

Tiarelle cordifoliée
False Mitrewort
Tiarella cordifolia L.

Tilleul d'Amérique (bois blanc)
Basswood
Tilia americana L.

Trientale boréale
Star-flower
Trientalis borealis Raf.

Trille dressé (trille rouge)
Purple Trillium
Trillium erectum L.

Trille grandiflore (trille blanc)
White Trillium
Trillium grandiflorum (Michx.) Salisb.

Trille ondulé
Painted Trillium
Trillium undulatum Willd.

Trille penché
Nodding Trillium
Trillium cernuum L.

Uvulaire à feuilles sessiles
Sessile-leaved Bellwort
Uvularia sessilifolia L.

Uvulaire grandiflore
Large-flowered Bellwort
Uvularia grandiflora Sm.

Vératre vert
(tabac du diable)
White-Hellebore
Veratrum viride Ait.

Verge d'or à grandes feuilles
Goldenrod
Solidago macrophylla Pursh

Verge d'or à tige zigzagante
Goldenrod
Solidago flexicaulis L.

Verge d'or rugueuse
Goldenrod
Solidago rugosa Ait.

Vigne des rivages
(vigne sauvage,
raisin sauvage)
Riverbank-Grape
Vitis riparia Michx.

Violette
Violet
Viola sp.

Viorne à feuilles d'aulne
(bois d'orignal)
Mooseberry, Hobblebush
Viburnum alnifolium Marsh.

Viorne cassinoïde
Whiterod
Viburnum cassinoides L.

Viorne comestible (pimbina)
Edible Cranberry-tree,
Squashberry
Viburnum edule (Michx.) Raf.

Viorne trilobée (pimbina)
Guelder-Rose
Viburnum trilobum Marsh.

INDEX ALPHABÉTIQUE

Crédit de photos (2e édition)

Serge BERNARD (provenant de la collection de la faculté de Foresterie de l'Université Laval sous la responsabilité de Miroslav Grandtner): fig. 45b, 46, 60 a, 63 b, 65 a, 75 a, 75 b, 79, 88 b, 90 b, 102 a, 104 a, 106 b, 116 a, 124 a, 124 b.

Hélène D'AVIGNON: fig. 70, 84 b, 89 a, 89 c, 93 a, 93 b, 93 c, 98 b, 104 b, 104 c, 123 a, 123 b.

Claude ROY: fig. 49, 55, 94 a, 96 b, 98 a, 111 a, 112 b, 115 a, 116 b, 122 b, 125 b, 135, 148, 150 a, 150 b.

Jean-François BERGERON: 84 a, 149 b.

Christian BÉDARD: 121 a.

Jean SYLVAIN, service de l'éducation en conservation: photographies de la couverture.

TABLE DES MATIÈRES

Achevé d'imprimer en juin 2004
sur les presses de l'imprimerie
Litho Chic
à Québec